John Densmore

MUSIC LOVERS

john densmore

MUSIC LOVERS

Begegnungen mit Jim Morrison, Janis Joplin, Bob Marley, Lou Reed, Patti Smith, Paul Simon und anderen Legenden

Aus dem Amerikanischen übersetzt
von Paul Fleischmann

hannibal
www.hannibal-verlag.de

Impressum

Deutsche Erstausgabe 2021

Hannibal Verlag, ein Imprint der KOCH International GmbH, A-6604 Höfen
www.hannibal-verlag.de

ISBN 978-3-85445-681-0
Auch als E-Book erhältlich mit der ISBN 978-3-85445-682-7

Titel der Originalausgabe, erschienen 2020 bei Hachette Books, einem Imprint von Perseus Books, LLC, einem Tochterunternehmen der Hachette Book Group, Inc.:
THE SEEKERS – Meetings with Remarkable Musicians (and Other Artists)
ISBN 978-0-306-84623-6

Grafischer Satz in deutscher Sprache: Thomas Auer
Übersetzung: Paul Fleischmann
Deutsches Lektorat und Korrektorat: Hollow Skai

Printed in Germany

Inhalt

Für all die „Music Lovers“ da draußen,
die sich den Sphärenharmonien hingeben

Immer auf der Suche

Von Viggo Mortensen

Sie ist eine echte Künstlerin. Und er ist ein einmaliger Künstler. Künstler sind nun einmal so. Nicht wie du und ich. Sie fühlen, sie sehen und verstehen Dinge auf eine andere Art und Weise als die meisten Menschen. Maler, Schlagzeuger, Bildhauer, Sänger, Dirigenten, Regisseure, Designer, Poeten, Schauspieler, Tanzlehrer, Bühnenkünstler aller Art (und ihre weiblichen Entsprechungen) – sie alle sind auf der Suche. Sie sind sensibel. Sie blicken unter die Oberfläche und über den Tellerrand hinaus. Sie sehen das große Ganze und bemerken jedes noch so unscheinbare Detail. Wir bewundern und misstrauen Künstlern gleichermaßen. Der Rest der Welt kümmert sich um seine Geschäfte, während Künstler vor sich hinträumen und Kritik an Menschen üben, die tatsächlich etwas leisten. Sie leben in ihrer eigenen Welt und sollten sich um ihren eigenen Kram kümmern – bei jenen Dingen bleiben, von denen sie Ahnung haben. Und überhaupt, was soll an Künstlern so besonders sein?

Nichts.

Rein gar nichts. Sie sind kein Deut außergewöhnlicher, als du es bist. Jedem von uns wohnt diese Kraft inne. Wirklich jeder einzelne Mensch ist in der Lage, auf eine subjektive Art zu beobachten und zuzuhören und sich in der Welt zu bewegen, die Vorgänge rund um uns herum zu interpretieren und zu kommunizieren. Es ist dabei nicht nötig, als Künstler angesehen zu werden, oder sich selbst als solchen wahrzunehmen. Zumindest nicht auf jene Weise, wie wir den Begriff in der Regel gebrauchen, um einzuschätzen, was uns auf unserem Lebensweg widerfährt, um zu entscheiden, zu was wir uns hingezogen und von was wir uns abgestoßen fühlen, sowie um Dinge, die wir bedeutsam finden, nachzuempfinden und mitzuteilen, falls wir dies wünschen. Kinder teilen sich nicht in Künstler und Nicht-Künstler ein. Warum sollten also Erwachsene so verfahren?

Du bist am Leben und du rezipierst. Vielleicht muss man sein Gehör besonders schulen, an seinem Rhythmusgefühl und Timing arbeiten und den richtigen Augenblick abwarten, in dem man seine Zehenspitzen in das Wasser des Flusses steckt. Sobald sich die Haut an die Temperatur gewöhnt hat, kann man ein wenig tiefer ins Wasser hineinwaten. Vielleicht sogar so weit, bis es einem bis zum Kinn steht. Eventuell muss man mehrere Anläufe wagen, bis man dorthin gelangt. Man muss dabei gar nicht schwimmen können. Es gibt nichts, das man schon vorab können oder wissen muss. Man kann jederzeit wieder ans Ufer zurückkehren und andere dabei beobachten, wie sie unter der Wasseroberfläche verschwinden und an einer anderen Stelle wieder auftauchen. Beobachte die Regentropfen, wenn sie auf die gekräuselte Wasseroberfläche fallen. Wärme dich in der Sonne, wenn sie scheint. Spüre die Gänsehaut, wenn du eine bekommst. Sieh, was du siehst, macht dir selbst ein Bild. Das ist alles, worauf es ankommt, wenn man Künstler sein will. Gehe niemals schwimmen, wenn das nicht dein Ding ist. Halte dich vom Wasser fern. Stell dich auf einen Hügel oder hinter einen Baum. Lausche den anderen dabei, wie sie planschen und lachen. Keiner muss wissen, dass du überhaupt dort warst. Du verstehst, dass du genauso viel spürst und fühlst wie alle anderen auf ihre individuelle Art und Weise. Egal, ob man sich nun in der Nähe des Wassers oder fernab davon aufhält. Man kann sich vorstellen, dass man sich am Boden des Gewässers befindet, von wo aus man all die kleinen Fische und Kaulquappen beobachten kann oder die absinkenden Blätter, die um einen herumwirbeln. Du rotierst in deinem eigenen Tempo und tanzt in deinem eigenen Takt, während du dich von der Strömung davontragen lässt. Du begreifst und erschaffst damit bereits etwas. Du hinterlässt deine Spuren, selbst wenn du anfangs

noch
gar
nichts
hören
kannst
lausche weiterhin
der Melodie
eines Wassertropfens
der quer über
die Wand rinnt
am Türknauf
hängt
singt
zusammen
durch die Stadt
quetsche
eine Note
die in
deiner Faust
bleibt
und
an deinen Haaren
zerrt

Unbenennbar
unverständlich
unvernünftig
gutgläubig
handelnde

stimmig
getönte
Fenster

Wann
setzte
der Ton
ein
herrschte
jemals
Stille?
Seine Abwesenheit
unvorstellbar
nur der Gedanke
erzeugt
Geräusche
wir beginnen
und
enden
als Murmeln
sich erhebend
aus dem Wasser
das uns gebracht
das uns voranbringt
verweilend
verbindend
unendlich
Lieder
Strom

Folgende
Harmonie
jedoch
schwach

matt
unsere unvermeidbare
Teilnahme
überdauert uns
jedes
Echo
imaginiert
aufgenommen
irgendwo
jedes
Stück
Variation
erinnert
umformuliert
begehrt
ungeschrieben
vergessen
ungespielt
während die Zeit
sich
ausdehnt
zusammenzieht
neuinterpretiert
wiederbelebt
unaufhörlich summen
begleiten wir
bewusst
oder nicht

Einleitung

Der Zeitpunkt war noch nie passender als jetzt, ein Buch zu schreiben, das meine lebenslange Leidenschaft für die Künste und das Thema Kreativität illustriert. Es gilt als erwiesen, dass Musik- und Kunsttherapie posttraumatische Belastungsstörungen heilen können, ganz zu schweigen davon, dass Kunst unser aller Wohlbefinden zu steigern imstande ist. Um diese dringliche wie aktuelle Angelegenheit akkurat beleuchten zu können, habe ich mich von einem fast einhundert Jahre alten Buch inspirieren lassen, den *Begegnungen mit bemerkenswerten Menschen*, einem klassischen Werk des griechisch-armenischen Mystikers Georges I. Gurdjieff aus dem Jahr 1927. Diese höchst einflussreichen und spirituell angehauchten Memoiren genießen heute Kultstatus und haben bereits mehrere Generationen von Künstlern und Schriftstellern inspiriert, so etwa Sting, Kate Bush, P. L. Travers (die Autorin von *Mary Poppins*), den Filmemacher Alejandro Jodorowsky und Peter Gabriel. Letzterer hat sein World-Music-Label Real World Records nach Gurdjieffs *Aus der wirklichen Welt* benannt.

Gurdjieff begann 1927 mit der Arbeit an dem ursprünglich auf Russisch verfassten Manuskript und überarbeitete es in den kommenden Jahren mehrmals. Der Autor reminisziert darin über „bemerkenswerte Menschen", denen er auf seinem Lebensweg bis dahin begegnet war, darunter etwa auch sein Vater Ioannis, der armenische Priester Pogossian, sein Freund Juri Lubowedski (ein russischer Fürst mit Interesse an Spiritualismus und Okkultismus) und noch fünf weitere Geistesgrößen. Gurdjieff beschreibt diese Persönlichkeiten und verwebt ihre Geschichten mit seinen eigenen Reiseberichten. Er nennt diese Gruppe die „Wahrheitssuchenden", denn sie alle verbindet letzten Endes ihre Suche nach spirituellen Texten und Gelehrten, wo immer auch diese anzutreffen sind (vornehmlich in Zentralasien). Dem Großteil dieser Suchenden gelingt es tatsächlich, die Wahrheit aufzuspüren, und zwar in Form einer für sie angemessenen spirituellen Bestimmung.

Beflügelt von dieser Idee habe ich meine eigene Sammlung von musikalischen Meistern, als die ich sie bezeichnen möchte, zusammengestellt. Sie alle haben ihre mystischen Ziele mithilfe der Musik umzusetzen gewusst: von Ravi Shankar bis Patti Smith, von Jim Morrison bis Janis Joplin, von Bob Marley bis Gustavo Dundamel, von Lou Reed bis hin zu Van Morrison, von Jerry Lee Lewis bis zu meinem lieben Bandkollegen bei den Doors, dem leider verstorbenen Ray Manzarek. So wie Maler die Welt „sehen" können, navigieren Musiker in erster Linie mittels ihres Gehörs durchs Leben. Wie auch meine musikalischen Kollegen kann ich die Welt „hören". Es zieht sich wie ein roter Faden durch mein Leben, dass ich kontinuierlich mit Musik versorgt und umhegt wurde und sie mich auch zu ernähren vermochte.

Ich lade die geneigte Leserschaft ein, mich auf eine Reise zu begleiten, in deren Verlauf ich den kreativen Prozess untersuchen und erläutern will, indem ich auf die Technik des Geschichtenerzählens und meine einmaligen Kontakte zurückgreifen werde. Dieses Buch erlaubt dem Leser, sich mit mir gemeinsam mit zeitlosen Konzepten zu befassen und den großen Fragen zu widmen, während ich mich hinter die Kulissen begebe, um mich mit dem Leben und dem Geist dieser großen Künstler auseinanderzusetzen.

Wie Sting in „Secret Journey" – seinem von Gurdjieffs Buch inspiriertem Song aus dem Jahr 1981 – so schön singt, versteht er sich selbst als einsamen Mann, der sich auf einer Privatmission befindet, um ein wenig Licht in die Mysterien des Lebens und das so schwer fassbare Naturell der Liebe zu bringen. Sting bringt dabei seine Sehnsucht zum Ausdruck, mithilfe eines weisen Lehrmeisters umfassendere Erkenntnisse zu erlangen. Dieser mehr oder weniger heilige Mann sollte ihn anleiten und seine weisen Worte würden sein ganzes Leben lang nachwirken. So wie Sting sehe ich mich ganz in der Tradition des von Ronald Colman verkörperten Robert Conway im Film *In den Fesseln von Shangri-La*, der sich auf die Suche nach dem Hohen Lama – dargestellt von Sam Jaffe – begibt.

Große Musiker brennen leidenschaftlich für ihr akustisches Medium und ihre Songs können dabei die Funktion eines spirituellen Textes übernehmen. Es ist ihr Sound, der diese Giganten miteinander verbindet. Als Musikliebhaber und unerschrockene Krieger für ihre gemeinsame Sache befinden sie sich ununterbrochen auf der Suche nach einer neuen Schwingung, oder versuchen, einer alten Idee neues Leben einzuhauchen.

Während ich den Lesern ein paar legendäre Künstler näherzubringen gedenke, möchte ich gleichzeitig auch ein paar Erkenntnisse teilen, die ich in Bezug auf ein kreatives Dasein auf dem Planeten Erde aufgeschnappt habe. Auf die Frage, wie wir uns mit den Musen in Verbindung setzen können, kann es nur ansatzweise Antworten geben, weil es sich bei ihnen um flüchtige Protagonistinnen aus einer anderen Welt handelt. Der renommierte Mythologe Joseph Campbell bringt es auf den Punkt: „Gott ist eine Metapher für das, was alle Ebenen intellektuellen Daseins übersteigt." Aber wir Sterblichen werden uns weiterhin bemühen, oder etwa nicht?

Ich darf mich überaus glücklich schätzen, dass ich die Möglichkeit hatte, einige außergewöhnliche Menschen treffen zu dürfen. Es gehört unleugbar zu den größten Gnaden, die mir in meinem Leben zuteilwurden: Ich war Mitglied der Doors und durfte in ungewöhnlichen Kreisen verkehren. Allerdings habe ich gelernt, dass jeder Zutritt zu den magischen Momenten erlangen kann, in denen diese begnadeten Künstler ihre Existenzen verbringen. Ob man nun von 9 bis 5 arbeiten muss, oder etwas am Klavier spielt, das nur man selbst jemals zu hören bekommt, oder ob man ein am Hungertuch nagender, aufstrebender Künstler ist, der in Erfahrung bringen will, wie sich diese Idole ihrer Arbeit annähern (so wie ich): Dieses Buch ist als Leitfaden für den Suchenden in uns allen gedacht.

Sollte Schönheit tatsächlich das einzig wahre Gegengift für diese moderne, irre Welt sein, dann bietet, so betont etwa der Mythologe Michael Meade, Kunst „eine Art Zuflucht". Und wenn dem wirklich so ist, dann sind wir alle Flüchtlinge. Meade führt seinen Gedanken noch weiter aus: „Wir alle befinden uns auf der Suche nach einem Unterschlupf – einem Ort, wo wir das Gefühl haben, im Einklang mit uns selbst und der Welt zu sein." Laut William Blake ist jeder Tag „ein Moment für die Ewigkeit".

Also selbst wenn man kein „professioneller" Musiker ist, kann man in dieselben Bereiche wie die Profis vordringen. Jeder ist in der Lage, das Tor zu dieser anderen Welt zu öffnen. Ich zähle zum Beispiel nicht gerade zu den schnellsten Schlagzeugern und zum Glück ist feine Technik auch nicht das ausschlaggebende Kriterium, wenn es darum geht, ins Reich der Kreativität einzutreten. Vielmehr ist das Herz gefragt. Denn wenn man sein Herz öffnet, werden sich die Musen zu einem hingezogen fühlen und zu erkennen geben. In Geistesfragen bietet sich die Musik als direkteste Verbindung an. Die Seelen unserer Vorfahren sind gewillt, sich einzubringen, sobald sie spüren, dass das Gefühl vor der Logik den Vorzug erhält. Wenn man einfach singt oder auf einem Instrument spielt, wird man schon bald in einen Zustand der Entrückung eintreten.

Während wir versuchen, so viel wie möglich von diesen Legenden zu erfahren, sollten wir gleichzeitig nicht vergessen, dass sie ihren erhabenen Status nicht erreicht haben, indem sie etwa der Welt da draußen hinterhergehechelt sind, sondern vielmehr indem sie sich auf ihr klangliches Innerstes fokussiert haben. Die meisten dieser Künstler stellen in den Augen der Öffentlichkeit Idole dar, doch ihr ursprünglicher Antrieb bestand nicht darin, Zustimmung zu erfahren. Stattdessen hatten sie einen unaufhaltbaren Drang, etwas zu erschaffen. Beethoven komponierte sein vermutlich größtes Epos, die 9. Sinfonie, als er bereits vollständig ertaubt war. Er konnte sein Werk nur in seinem Kopf hören. Der Umstand, dass ein Bühnengehilfe ihn auf die Schulter tippen musste, um ihm zu signalisieren, dass er noch einmal vor den Vorhang kommen sollte, nachdem er das Werk gerade noch selbst dirigiert hatte, ist unvorstellbar traurig. Beim Komponieren klemmte sich Ludwig einen Stift zwischen die Lippen und presste die Spitze gegen sein Klavier, damit er die

Schwingungen, die er nicht hören konnte, zumindest auf diese Weise spüren konnte. Doch seine Taubheit offenbart auch seinen ihm innewohnenden klanglichen Reichtum. In den Worten des großen Weisen Ram Dass: „Je stiller man selbst ist, desto mehr hört man."

Die Muse verfügt über außergewöhnliche hellseherische Fähigkeiten. Wie ich bereits gesagt habe, wird sie zu einem kommen, sobald man sein Herz öffnet. Vor allem fühlt sie sich aber zu einem gut ausgebildeten Innersten hingezogen. Manchmal löst sie dann auch einen Kurzschluss aus, wie das etwa bei Janis Joplin der Fall war. Angetrieben durch Drogenkonsum wird die Muse das Herz zugrunde richten und die Seele beschädigen. Aber es gibt auch sehr disziplinierte Künstler wie den untadeligen Ravi Shankar, dessen Herz so stabil wie ein Felsen war. Bob Marley stand irgendwo zwischen den beiden. Seine Fähigkeiten reichten aus, um seine Botschaft gut vermitteln zu können. Darum geht es beim Thema Können: Man braucht davon gerade genug, um seine Begabung umsetzen zu können – und wir alle bringen eine einzigartige Begabung auf diese Welt mit. Aber man kann auch über zu viel Können verfügen. Damit meine ich, dass man der Versuchung erliegen kann, immer schneller und schneller werden zu wollen. Wie schon der fantastische amerikanische Poet Robert Bly gesagt hat: „Slow equals soul." Die Seele erlebt man in der Langsamkeit.

Ich fühle mich so gesegnet, dass ich in der Gegenwart dieser großartigen Künstler sein durfte – bei manchen handelte es sich bloß um einen Augenblick, mit anderen wiederum verbrachte ich über lange Jahre hinweg viel, viel Zeit. Ein paar von ihnen haben sich inzwischen auf die andere Seite verabschiedet, wohingegen manche noch in ihrer physischen Form unter uns weilen. Dies ist mein Dankeschön, meine Verneigung vor all diesen Künstlern und Musikern, ob sie nun klassisch ausgebildet oder fast ungeschult waren. Ich habe auch ein paar Schriftsteller berücksichtigt, da sie meiner Meinung nach auf der Suche nach der Musik zwischen den Zeilen sind.

Die Leidenschaft dessen, was diese Legenden auszudrücken versuchen, kommt in höchsten Maßen zum Vorschein. Sie erstrahlen wie Edelsteine – wie Rohdiamanten oder auch bis zur Perfektion geschliffene Exemplare. Diese Brillanz ist es auch, an der unsere Menschlichkeit hängt. Wir werden daran erinnert, dass wir alle derselben Familie entstammen und dass wir alle damit zu kämpfen haben, unsere Existenz zu verstehen. Jeder kann von diesen kreativen Köpfen inspiriert werden. Ihr Angebot ist so reichhaltig, dass man nur einen Ausschnitt davon im Verlauf eines ganzen Lebens auskosten kann. Hoffentlich genießt ihr das Festmahl, das sie uns bieten, genauso sehr, wie ich das tue.

I.

Margret (Peggy) Mary Walsh

Überleben

Auf einer Leinwand zu malen oder zu zeichnen,
ist wie gefrorene Musik.

Wie könnte ich nicht mit meiner Mom beginnen? Sie war keine Musikerin – nur eine Naturgewalt, deren Leben sich fast über das gesamte 20. Jahrhundert erstreckte. Mein Dad war sehr ruhig, meine Mom nicht. Sie liebte Musik so sehr, dass sie mir erlaubte, mein Schlagzeug im Wohnzimmer aufzubauen und in lärmender Lautstärke darauf zu spielen. Der Musikgeschmack meiner Eltern war eher eklektisch. Manchmal war die Musik gut, zum Beispiel die von Beethoven, manchmal aber auch nicht nicht, etwa die von Mantovani.

Margaret Marys zentrales Thema war es, zu überleben. Es glich einem musikalischen Leitmotiv, das sich durch ihr ganzes Leben zog. Sie hatte vier Geschwister, doch verlor sie schon in jungen Jahren zwei davon, ihre beiden älteren Schwestern. Eine schmerzvolle Erfahrung. Diese beiden Todesfälle als Jugendliche, die gerade einmal das Teenageralter erreicht hatten, verarbeiten zu müssen, hat sie sicherlich bis ins Innerste erschüttert. Wie es mein Cousin Jim einmal so treffend ausgedrückt hat: „Vom Tod ihrer Schwester May zu erfahren, hat vielleicht dazu geführt, dass deine Mom die entstandene Lücke mit Quasseln ausfüllen wollte."

Sie überwand all ihre Sorgen mithilfe der Malerei. Auf einer Leinwand zu malen oder zu zeichnen, ist wie eingefrorene Musik. Zwischen den Bildern eröffnen sich Freiräume, wie sie auch zwischen den Tönen in der Musik existieren. Nachdem sie ihren Abschluss am Chouinard Art Institute in Los Angeles gemacht hatte, war Peggy Margaret schier besessen davon, der leeren Leinwand Leben einzuhauchen. Sie signierte alle ihre Arbeiten mit „Margret". Sie verzichtete auf das zweite „a", um ihrem Namen etwas Einzigartiges zu verleihen. Sie hatte eine gute Hand für figurative Darstellungen, entdeckte jedoch irgendwann ihre Vorliebe für das Abstrakte.

Ich war nicht der allergrößte Fan ihrer Kunst, doch mir war klar, dass sie ihr das Leben gerettet hatte. Als Dad das Zeitliche segnete, vermutete ich, dass Mom nach 40 Jahren Ehe ihm schon bald nachfolgen würde. Das tat sie nicht. Stattdessen blühte sie auf. „Wann immer ich Schmerz empfinde, male ich", pflegte sie zu sagen. Ich verstand die meisten ihrer Gemälde nicht, aber ich verstand die Gabe, die ihr durch sie zuteilwurde: Das Malen hielt die Zeit auf. Und die Malerei war ihre wahre Religion. Sie gedieh bis ins hohe Alter von 94 Jahren. Dann legte sie den Pinsel weg und starb.

Ich kann nur hoffen, dass ich von ihr ein paar dieser Überlebens-Gene geerbt habe. Sie liebte Musik und ermöglichte es mir, Klavierunterricht zu nehmen, als ich acht Jahre alt war. Peggy Margret ermutigte mich zum Üben. Sie drohte mir sogar, die Stunden zu streichen, wenn ich nicht noch mehr übte. Ich liebte das Klavier. So fand ich etwa großen Gefallen an Arpeggios. Dabei handelt es sich um Akkorde, bei denen die Einzeltöne in kurzen Abständen angeschlagen werden. Die spielte ich dann stundenlang die Tastatur rauf und runter und stellte mir vor, ich wäre ein Konzertpianist. Da kam dann zumeist meine Mom ins Zimmer und befahl mir, anständig zu üben, weil sonst der Unterricht gestrichen würde. Sie lag ja richtig damit, andererseits war meine Tendenz, gelegentlich in eigene

Improvisationen abzudriften, bereits ein Indikator für eine meiner späteren Vorlieben, den Jazz.

Es offenbarte sich ein Gefühl von Freiheit darin, niedergeschriebene Kompositionen zu verändern, wenn man zum Beispiel eine Phrase wiederholte oder eine neue hinzuerfand. Aber zunächst einmal musste ich Tonleitern und die vorgeschriebenen Stücke üben und einstudieren. Irgendwann weiß man intuitiv, wie viel Übung wirklich notwendig ist und wie viel Freiraum man sich zugesteht. Diese Balance ist der Schlüssel, wenn man seine eigene musikalische Einzigartigkeit finden will.

Apropos einzigartig: Ich besaß einen Sittich als Haustier, den ich mitunter aus seinem Käfig herausließ. Er setzte sich dann auf meinen Finger oder meine Schulter. Eines Tages, als Bill gerade von seiner Position auf der Schulter aus mit seinem Schnabel auf meinen Hals einpickte, schlenderte ich hinüber zum Klavier und nahm Platz. Er hatte mich schon in seinem Käfig spielen gehört und auch mitgesungen, wenn ich mir richtig Mühe gab. Dieses Mal wollte ich aber besonders sanft spielen, da er sich nun so nahe am Piano befand. Ich fing an, ein paar Arpeggios in Dur zu klimpern. Dur gilt weithin als ein „positives" Tongeschlecht. Bill stimmte mit ein. Nach ein paar Minuten hielt ich ihm den Finger hin, damit er von der Schulter dorthin wechseln konnte. Wie üblich nahm er diese Einladung umgehend an. Dann setzte ich ihn vorsichtig auf den weißen Tasten ab und fing erneut an zu spielen, was ihn aber überhaupt nicht zu stören schien.

Dieser Ablauf entwickelte sich zur Gewohnheit. Zusammen genossen wir die sonoren Klänge der 88 Tasten. Manchmal spazierte der Sittich die Tasten hinauf und hinunter. Mitunter schiss mir der Vogel auch auf die Tastatur. Das putzte ich dann sofort weg. Ich hatte keine Lust auf den klebrigen Schmutz. Außerdem wollte ich unter keinen Umständen Margaret Mary verärgern. Vielleicht hätte ich mich noch eingehender mit der musikalischen Seite meines Vogels beschäftigen sollen. Wir hätten in der *Ed Sullivan Show* auftreten können. Nun ja, später schaffte ich es auch so in ebendiese Unterhaltungssendung – zwar ohne meinen Piepmatz, dafür aber in Begleitung eines schrägen Vogels in schwarzem Leder. Das war damals ein höchst außergewöhnliches Outfit. Jim Morrison hätte wirklich eine finanzielle Beteiligung an dem Modetrend verdient gehabt, den er damals auslöste.

Als wir mit den Doors noch richtige Hungerleider waren, kochte uns meine Mom regelmäßig Spaghetti zum Abendessen. Das war noch, bevor Robby in der Band war. Mein Dad fand unseren Bandnamen bekloppt, aber er war ja auch nicht mit jenem Buch vertraut, dem wir ihn entlehnt hatten, *The Doors of Perception* von Aldous Huxley [deutscher Titel: *Die Pforten der Wahrnehmung*]. Er verstand nicht, dass die Idee dahinter darin bestand, seinen Geist zu öffnen – nicht unbedingt mit Drogen, obwohl es in diesem Buch genau darum geht. Es ging auch mit Alkohol. Oder Meditation. Selbst mit Büchern war es möglich.

Ray Manzarek und seine Freundin Dorothy baten immer um einen Nachschlag. Sie verfügten nicht über das Privileg, sich aus dem Kühlschrank von Rays Eltern zu bedienen, die eine Stunde mit dem Auto weiter südlich in Manhattan Beach wohnten. Ich machte mir stets Sorgen, wie Jim sich benehmen würde, aber auch er hatte Hunger, weshalb ein herzlicher Grundtenor herrschte. Wenn ich mich auf die hinteren beiden Beine meines Stuhls zurücklehnte, was ich schon seit Jahren tat, wies mich meine Mutter nicht zurecht, indem sie mir befahl „aufrecht" zu sitzen. Zumindest nicht in Gegenwart meiner Bandkollegen. Ich besitze diese sechs Stühle samt Esstisch auch heute noch. Einer davon ächzt gewaltig, was daran liegt, dass ich viele Jahre lang darauf herumgeritten bin. Einmal bin ich auch nach hinten umgekippt, was meiner Mom innerlich Genugtuung bereitete. Ich hatte aber nichts daraus gelernt.

Vermutlich vermittelte sie mir das Geschenk der Musik indirekt, indem sie mich in eine katholische Kirche mitschleifte. Dort lauschte ich den Klängen eines durchgeknallten irischen Organisten. Aber auch der Umstand, dass sie zuhause liebend gern Musik hörte, spielte eine Rolle. Wenn wir an der Messe teilnahmen, ließ ich meine Mutter wissen, dass ich den Geruch des Weihrauchs nicht aushielte. Also erlaubte sie mir, hinauf auf die Empore zu steigen, wo sich außer mir niemand hin traute, weil der Klang der Orgel, auf der Mr. K mit der roten Nase spielte, viel zu laut war. Mom sagte, dass er das Lautstärkepedal viel zu großzügig einsetzte. Wenn ich da oben bei ihm saß und Zeuge wurde, wie er das „Ave Maria" rockte, konnte ich förmlich spüren, wie die tiefen Töne meinen Sitzplatz zum Erbeben brachten. Mein Gehirn vibrierte ebenfalls, was mir den Anflug eines euphorischen Hochgefühls bescherte.

Zuhause gab es entweder abgeschmackte Fahrstuhlmusik oder Beethoven aus der Musiktruhe zu hören. Ich konnte mit beidem etwas anfangen, doch gefiel mir das dramatische Getöse ernsthafter klassischer Musik doch besser. Die Dynamiken – „fortissimo" und „pianissimo" – der drei großen Komponisten mit „B" am Anfang (Bach, Beethoven und Brahms) sollten später auch meine Arbeit als Perkussionist maßgeblich beeinflussen. Diese Art der Musik vermittelte mir meine Mom auch in Form der Klavierstunden. Später profitierte mein Schlagzeugspiel davon, da es dadurch viel musikalischer wurde.

Meine Mom konnte mich unter den Tisch trinken. Ihr Spitzname lautete nicht umsonst „Margarita". Sie gehörte zu den Martini-Enthusiasten der 1950er, weshalb sie daran gewöhnt war, allabendlich Cocktails zu süffeln. Ich entstammte jener Ära, in der man der Ansicht war, Alkohol sei nur etwas für alte Leute. In den Sixties wurde vielmehr gekifft! Als sie älter wurde, führte ich sie in ihr mexikanisches Lieblingsrestaurant aus, wo sie sich ein paar Margaritas genehmigte. Margret hatte dann definitiv einen sitzen, was sie noch gesprächiger machte. Ich gab es irgendwann auf, mit ihr mitzuhalten. Außerdem war ich ja als ihr Fahrer eingeteilt. Ein Tequila reichte da schon aus, was mich insgesamt auch weniger kostete! Sie liebte die Mariachi-Musiker und verwickelte jeden, der ihr zuhören wollte, in ein Gespräch. Aber auch wenn jemand nicht zuhörte, ließ sie sich kaum bremsen.

Ich erwähnte das ermüdende Geplappere auch in meiner Grabrede und erntete großes Gelächter, als ich betonte, dass es mir unmöglich war, mit der 92-jährigen „Peggy Margarita" Schritt zu halten. Möge sie in Frieden ruhen – vielleicht gönnt sie sich ja jetzt gemeinsam mit Dad noch einen Schlummertrunk.

Als ich jung war, trieb sie mich mitunter förmlich in den Wahnsinn, aber selbst daran erinnere ich mich heute gerne zurück. Ein paar Tage, bevor sie starb, teilte mir meine Cousine MaryAnn mit, dass ich besser bald die anderthalbstündige Autofahrt hinter mich bringen sollte, um sie noch einmal zu sehen, da sie nun rapide abbaute. Ich sagte ihr, dass ich mich sofort auf den Weg machen würde. Da ich erst ein paar Tage zuvor bei ihr gewesen war, trödelte ich ein bisschen herum. Eine Stunde oder so später brach ich endlich nach Ventura auf. Als ich eintraf, schlief Peggy Margret. Sie war noch nicht auf die andere Seite gewechselt und sollte noch einen Tag länger leben. Allerdings sollte sie nicht mehr aufwachen. Nun wusste ich, dass ich wirklich sofort hätte aufbrechen sollen.

Das Pflegepersonal meinte, dass sie am Vorabend um 3 Uhr morgens noch wach gewesen wäre, weshalb sie an diesem Tag so früh eingeschlafen war. Man hatte ihr ganz offensichtlich mitgeteilt, dass ich kommen würde, da sie mit ihren türkisenen Ohrringen, einer türkisenen Halskette und leicht verschmiertem Lippenstift im Bett lag. Eine 94 Jahre alte Dame, die sich für ihren Sohn immer noch zurechtmachte – dieses Bild wird mir immer in Erinnerung bleiben.

II.

Robert Armour

Das Funkeln

Das Auge schenkt Einblick in die Seele.

Robert Armour war ein nerdiger Flötist und mein Musiklehrer an der Highschool. Tatsächlich waren wir Musiker ja alle Nerds. Ddenn damals galt es noch nicht als „cool", Musiker zu sein. Die Sportler waren die Coolen. Sie trugen Pullis mit einem Buchstaben drauf, der ihre jeweilige Sportart kennzeichnete – Football, Baseball, Leichtathletik. Umrahmt wurde dieser Letter von einem „U", das für die University High in West Los Angeles stand. Dorthin wechselte ich im Anschluss an die Daniel Webster Junior High.

Wenn aber gekreuzte Tennisschläger innerhalb des „U" für Uni High deinen Sweater zierten, hielten einen damals alle für schwul. Allerdings hatten wir dafür ein viel hässlicheres Wort. Jedoch musste ich mir darüber keine Sorgen machen. Ich war so etwas wie die eiserne Reserve des Tennisteams und wurde letzten Endes für kein einziges offizielles Match nominiert. Also bekam ich auch keinen Buchstaben oder sonstige Abzeichen für meinen Pulli. Zumeist schlug ich den Ball allein gegen eine Mauer.

Meine Leidenschaft gehörte der Musik. Nachdem ich im Alter von acht mit Klavierstunden begonnen hatte, begeisterte ich mich sofort für dieses Instrument. Ich konnte gar nicht genug davon bekommen und tendierte bereits in Richtung Jazz. Ich zog es vor, mir bereits vertraute Stücke durch Improvisationen aufzupeppen, anstatt neue Kompositionen zu lernen. Wenn ich diese Nummern spielte, immer und immer wieder, und sie dabei ein wenig abänderte, versetzte mich das in einen Trance-Zustand, da es mir so vorkam, als würde die Zeit stillstehen. Da war ich aber noch zu jung, um zu begreifen, dass die Kunst in der Lage ist, uns aus den Fängen der Zeit zu befreien.

Als ich an die Webster kam, wollte ich am liebsten gleichzeitig in der Blaskapelle, dem Orchester und dem Jazz-Ensemble mitspielen. Einfach in jeder musikalischen Formation. Dabei war es mir herzlich egal, welches Instrument ich spielen würde. Da ich wusste, dass ich mit dem Klavier weder für die Blaskapelle noch für das Orchester in Frage kam, entschied ich mich für die Klarinette. Eigentlich interessierte ich mich ja für die Posaune. Mir gefiel, wie man mit der linken Hand einen Teil des Instruments vor- und zurückschob. Auch die golden glänzende Optik sprach mich an. Allerdings hatte ich bei meinen Eltern die Platten von Benny Goodman gehört, weshalb die Klarinette irgendwie „cooler" auf mich wirkte. Vielleicht würden mich die Mädchen mögen, wenn ich Klarinette spielte. Leider trug ich damals eine Zahnspange und der Kieferorthopäde sagte: „Nein, Klarinette kannst du nicht spielen! Immerhin versuchen wir, deine Zähne nach hinten zu begradigen. Dieses Instrument bewirkt aber das Gegenteil!"

Ich fragte daraufhin Mr. Armour, der auch mein Klassenlehrer war, nach seiner Meinung. „Nun ja, John, für die Band und das Orchester brauchen wir noch einen Schlagzeuger." Das hörte sich reizvoll an, da Drums ein Flair von Coolness anhaftet.

Ich begann mit einer einzelnen Bassdrum. Dann lernte ich mit den Becken umzugehen. Ich arbeitete mich auf diese Weise bis zur Snare durch, auf der man ausgeklügelte, kompliziertere Rhythmen spielt. Mr. Armour ermutigte mich, mich in Geduld zu üben. Später begriff ich, dass ich auf diese Weise genaue Kenntnisse über sämtliche Bestandteile eines Schlagzeugs gesammelt hatte. Alle zusammen genommen repräsentierten sie die gesamte Welt der Percussion.

Mein musikalischer Mentor riet mir, private Unterrichtsstunden zu nehmen. „Wenn du schnell Fortschritte machen willst, ist das genau der richtige Ansatz", meinte Mr. Armour. Ich muss meinen Eltern zugutehalten, dass sie nicht nur die Kohle dafür springen ließen, sondern auch gelegentlich mein lärmendes Schlagzeugspiel im Haus duldeten. Ich schreibe „gelegentlich", da sie mich lieber auf meinem Übungs-Pad aus schwarzem Gummi spielen sahen. Das fand ich aber lahmarschig. Zwar federte der Drumstick zurück wie bei einer echten Trommel, wenn man draufschlug, doch die Oberfläche blieb ansonsten stumm.

Als ich schließlich im Schulorchester an die Kesselpauken beordert wurde, durfte ich mich am Ende der Sinfonien mit dramatischen Trommelwirbeln in Szene setzen. Wie aufregend war das denn! Ich zählte die Takte mit und wartete auf meinen Einsatz, während ich Mr. Armour mit seiner Richard-Nixon-Frisur und seinem Stab beim Dirigieren beobachtete. Auf seinem Podium wirkte er groß und souverän. Alles, was mit Musik zu tun hatte, brachte seine Augen zum Funkeln. Tatsächlich schienen seine Augen permanent zu funkeln, was wohl an seiner Liebe zur Musik lag. Wie schon der bahnbrechende kalifornische Pädagoge Paul Cummins so treffend formulierte: „Mit seinem Enthusiasmus für ein Schulfach dient ein Lehrer seinen Schülern als Vorbild. Seine Energie stellt eine elementare Eigenschaft dar, die der Schüler auch in sich selbst vorfinden will."

Die Doors bezogen ihre Power aus der Kraft des Ensembles – eine Lektion, die ich bei Mr. Armour gelernt hatte. Es ist nämlich ganz egal, ob man in einer vierköpfigen Rock-Combo oder mit einem aus 40 Personen bestehenden Orchester spielt. Um die Magie zu entfesseln, muss jeder Musiker sich dem Ensemble unterordnen. Alle müssen ganz genau und bewusst aufeinander hören. Das Ganze besteht aus mehr als aus seinen Einzelteilen. Ich erfuhr dieses Geheimnis als Jungspund im Orchester der Junior-High-School. Wenn sich nur auch unterschiedliche Kulturen auf dieselbe Art und Weise respektieren würden: Dann hätten wir eine Vielzahl verschiedener Gesellschaften, die aber wie ein globales Orchester in Harmonie miteinander leben würden. Es erklängen allerorts diverse, aber wohltuende Klänge.

Viele, viele Jahre später stattete ich der Daniel Webster Junior High School einen Besuch ab. Leider war die Schule da schon ziemlich heruntergekommen. Mein Foto hing immer noch an jener Wand, an der die musikalischen Lichtgestalten unter den einstigen Schülern geehrt wurden. Allerdings ließ sich kaum leugnen, dass nicht gerade viel Geld investiert wurde, um diese Schule oder ihre Musikprogramme auf dem neuesten Stand zu halten. Ich unterhielt mich kurz mit dem neuen Musiklehrer. Er versicherte mir, dass meine Zeit an der Schule, damals mit Mr. Armour, so etwas wie die Blütezeit gewesen war. Abgenutzte Musikinstrumente hin oder her – es war die Leidenschaft, die dieser nerdige Flötist ausgestrahlt hatte, die den Unterschied machte. Musiker sind die Botschafter einer versteckten Welt, die sich in jedem von uns verbirgt. Für Robert Armour stellte die Flöte jenen kleinen Vogel in uns allen dar, der imstande ist, die einen definierende Melodie zu zwitschern. Mr. Armour hat mein musikalisches Feuer entfacht und leuchtete mir meinen zukünftigen Weg. Danke, Robert A.

III.

Fred Katz

Der Professor

Zu unterrichten, indem man mit gutem Beispiel vorangeht, ist ein höchst inspirierender Ansatz.

Zum ersten Mal sah ich ihn im Lighthouse in Hermosa Beach. Ich war gerade einmal 17 und pilgerte wieder einmal in dieses legendäre Mekka des Jazz. Chico Hamilton, der bereits zu meinen Helden zählte, stand mit seinem Quintett auf der Bühne. Später borgte ich mir Chicos Art, das Ride-Becken zu spielen, für den Doors-Song „The End" aus. Doch damals musste mein jugendlicher Verstand erst einmal mit der Vorstellung zurechtkommen, einen Cellisten in einer Jazz-Gruppe zu hören. Wer war dieser bebrillte Typ mit der chassidisch anmutenden Optik? Und waren Cellisten in der Lage, einfach drauflos zu improvisieren?

Wie sich herausstellte, war Fred Katz' gesamte Existenz auf Improvisation aufgebaut. Aber an diesem Nachmittag – im Lighthouse gab es am Sonntag immer Jazz-Matineen – spielte das Cello bei sämtlichen Songs die Melodielinien. Außerdem improvisierte der Cellist sich so richtig den Arsch ab, indem er seine Solos strich, zupfte und sang. Wir konnten gar nicht genug davon bekommen.

Ich bin in Santa Monica zur Welt gekommen, nicht allzu weit weg von Hollywood. Später besuchte ich das San Fernando Valley State College, das heutige Cal State Northridge. Zunächst studierte ich Musik als Hauptfach, aber ich dachte, dass ich damit niemals meinen Lebensunterhalt bestreiten könnte, weshalb ich auf Betriebswirtschaftslehre umsattelte. Doch nun, einige Jahre nach dieser Show im Lighthouse, sah ich mich zunächst nach weiteren Lehrveranstaltungen um. Die erste meiner beiden Memoiren, *Mein Leben mit Jim Morrison und den Doors*, bringt es am besten auf den Punkt:

> In diesem Frühjahr wechselte ich mehrmals meine Fächer am Valley State College. Ich wusste, dass ich Betriebswirtschaftslehre hassen würde, war aber der Ansicht, dass ich es gut gebrauchen könnte, um mir meinen Lebensunterhalt zu verdienen. Ich bekam Vieren. Ich hörte nicht auf meine wahren Gefühle. Ich ließ mich von anderen beeinflussen. Aus diesem Grund kam ich auf eine für mich absurde Idee. Ich war gerne mit anderen Leuten zusammen, wollte ihnen helfen. Vielleicht war ja Soziologie etwas für mich. Aber schon bald hasste ich auch dieses Fach.

Als Nächstes wurde ich auf einen Kurs aufmerksam, der ethnologische Musik behandelte. Was zum Teufel war das denn? Ich hielt mich selbst ja für einen Musiker. „Ethnologisch" bedeutete, dass es um fremde Kulturen ging. Die Lehrveranstaltung wurde vom Institut für Anthropologie angeboten. Ich warf einen genaueren Blick auf die Kursbeschreibung. Ach, du heilige Scheiße! Der Dozent hieß Fred Katz. Sollte es sich bei ihm etwa um denselben Typen handeln, den ich ein paar Jahre zuvor am Cello mit dem Chico Hamilton Quintet gesehen hatte?

Ich schlug im Personalverzeichnis den Lebenslauf dieses Lehrers nach, und er war es tatsächlich. Da wurde doch der Hund in der Pfanne verrückt! Ich wollte mich sofort für den Kurs eintragen, doch es gab bereits eine lange Warteliste. Im darauffolgenden Semester kam ich aber endlich an die Reihe. Professor Katz war unglaublich charmant und faszinierend. Kein Wunder, dass Ethnological Music der beliebteste Kurs auf dem gesamten Campus war. Nicht nur, weil man in dem Kurs eine gute Note auf die leichte Tour erhielt, sondern vor allem, weil Katz auch ein sehr interessanter Zeitgenosse war. Wie ich bereits in *Mein Leben mit Jim Morrison und den Doors* geschrieben habe:

> Er war in der Welt herumgekommen und kannte sich mit dem Leben aus. Manchmal kamen Musikerkollegen wie der Flötist Paul Horn zu uns in die Klasse und spielten mit ihm für uns. Jeder von uns bekam einen Augenblick lang mit, was in der wahren Welt so abging. Natürlich wurde er ein paar Jahre später „freiwillig gegangen". Zu abgefahren!

Nicht allzu lange, nachdem Fred seinen Hut hatte nehmen müssen, brachen Studentenrevolten über den Campus herein. Es schien fast so, als ob die Leute, die unsere Colleges leiteten, nicht wirklich wussten, wie die Studentenschaft tickte. Ihre Haltung erinnerte mich ein wenig an Antonin Scalia, einen inzwischen verstorbenen Richter am Obersten Gerichtshof der USA. Er grämte sich angesichts der Legalisierung der Homo-Ehe und sah in den Hippies die Hauptschuldigen für diese Entwicklung. Offenbar hatten sie eine respektlose Einstellung gegenüber der Institution Ehe gezeigt. Scalia war von Ronald Reagan ernannt worden. Auch er war ein großer Hippie-Hasser. Heute, im Jahr 2020, protestieren die Studenten (schon wieder diese verdammten jungen Leute!) gegen die Erhöhung der Studiengebühren.

Es ist offenkundig, was die Hochschulverwaltung vor 50 Jahren an Professor Katz auszusetzen hatte: Er wich vom Lehrplan ab und sprach einfach aus, was ihn so beschäftigte. Doch er sprudelte förmlich über vor Vitalität und Lebensfreude – und das war die allerbeste Lektion.

Ich habe eigentlich immer noch ein Jahr am College vor mir, in dem ich 30 Kurspunkte sammeln muss, bevor ich meinen Bachelor in Anthropologie erhalte. Aber ich glaube nicht, dass ich mir das noch antun werde. Allerdings erwies ich Fred Katz noch einmal die Ehre, als er schon in seinen Neunzigern war. In der *Los Angeles Times* hatte ich gelesen, dass das überaus ehrwürdige Skirball Cultural Center nach 20 Jahren eine Neuauflage von Freds Wohnzimmer-Konzerten organisierte. Da durfte ich nicht fehlen und saß in der zweiten Reihe. Die Bühne war mit Stühlen und Sofas ausstaffiert, um eine einwandfreie Wohnzimmer-Atmosphäre zu garantieren. Die Kulisse war dem tatsächlichen Wohnzimmer des Professors nachempfunden, in dem er jahrelang Jam-Sessions veranstaltet hatte.

Seinerzeit kreuzten etliche klassisch ausgebildete Musiker bei ihm zuhause auf. Immerhin hatte Fred in seinen jungen Jahren bei Pablo Casals gelernt. Aber auch eingefleischte Jazzer standen auf der Matte. Schließlich hatte Fred mit Dexter Gordon, Charles Mingus, Lester Young, Lena Horne, Tony Bennett, Gerry Mulligan, Ken Nordine und Buddy Collette gespielt, um nur ein paar zu nennen, und mit Jim Hall, Paul Horn, Eric Dolphy, Gábor Szabó und Charles Lloyd musiziert, um noch ein paar weitere Jazz-Granden zu erwähnen.

Der Maestro jammte ein bisschen auf seinem Cello, nahm auf einer Couch Platz und begann drauflos zu plaudern. Der Mann liebte es zu quasseln. Er dankte uns dafür, dass wir zur Probe für seinen 92. Geburtstag erschienen waren. Er erzählte Witze. Dann spielte er noch mehr Musik. Die Warmherzigkeit, die den Raum erfüllte, war förmlich greifbar. Es fühlte sich so an, als hätte er tatsächlich alle 200 Anwesenden zu sich in sein Wohnzimmer eingeladen. Wieder einmal wurde einem klar, was die College-Leitung so an Fred Katz frustriert hatte: Seine eindrucksvollste Lektion bestand schlicht darin, wer er war.

Am Ende der Festivitäten wartete ich zunächst noch ein bisschen, ging dann aber doch zu ihm hinüber und stellte mich ihm noch einmal vor. Professor Katz rief mit lauter Stimme: „Hey, du bist der Typ von den Doors! John! Der Schlagzeuger!“ Das war einerseits sehr schmeichelhaft, andererseits aber auch ein bisschen peinlich. Doch wenn es meinen Mentor glücklich machte, mich zu sehen, dann machte mich das erst recht glücklich! Wir verabschiedeten uns und ich fuhr ganz selig heimwärts.

Etwa einen Monat später kam Freds Herz hingegen endgültig zum Stillstand. Sein Geist flog nun jedoch noch höher als jemals zuvor. Die Berichterstattung über sein Ableben überschlug sich nur so vor Superlativen: „Sein großes musikalisches Genie ist nunmehr überall! Es durchdringt den Äther! Es erfüllt den Ozean! Man kann sich überall mit ihm in Verbindung setzen. Es ist für alle verfügbar! Man muss nicht mal mehr eine Eintrittskarte kaufen. Seine Liebe und seine Weisheit kennen keine Grenzen! Dieser Mann, der das Leben so geliebt hat, ist nun ein Schutzengel! Ruft ihn einfach an … er wird euch stets erhören. Er wird euch allen mittels Schallwellen eine Nachricht zukommen lassen."

IV.

Elvin Jones

Auf Messers Schneide

Vom Rand aus überblickt man besser das große Ganze.

Als jugendlicher Schlagzeuger stolperte ich über John Coltranes Schallplatten und spürte, dass hier etwas Magisches vonstattenging. Ich war noch zu jung, um begreifen zu können, was mich so ansprach. Allerdings wusste ich, dass das unablässige „Suchende“ in Elvin Jones' Schlagzeugspiel mich in einen Trance-Zustand zu versetzen vermochte. Jones bediente sich des Rhythmus', um mit der Ewigkeit in Kontakt zu treten.

Am allerwichtigsten für Schlagzeuger – und eigentlich für alle Musiker – ist ein ausgeprägtes Taktgefühl, eine Art verinnerlichtes Metronom, um ein gleichmäßiges Tempo halten zu können. Ohne dieses Gespür sind sie nämlich nicht in der Lage, in einen hypnotischen Zustand der Zeitlosigkeit einzutreten. Wenn man jegliches Gefühl für das richtige Tempo vermissen lässt, wird einem auch kein technischer Schnickschnack weiterhelfen.

Der Jazz-Titan Thelonius Monk brachte es perfekt auf den Punkt, als er eine Liste der zehn wichtigsten Eigenschaften erstellte, die ein guter Musiker benötigt. Ganz oben stand bei ihm das Timing: „Vor allem, wenn du *nicht* der Schlagzeuger bist!“ Das war ein richtig cleverer Kommentar. Monk wusste, dass ein Saxofonist zwar wie ein Irrer Solos vom Stapel lassen konnte, es aber alles nichts nutzte, wenn das innere Metronom nicht richtig eingestellt war. Wenn es einem am musikalischen Timing mangelt, fühlt es sich an, als würde man im Krankenhaus auf einer Pritsche liegen und dabei zusehen müssen, wie das eigenen EKG auf und ab fluktuiert.

Mein Mentor Elvin Jones brach am 18. Mai 2004 zur anderen Seite durch. Doch sein Schaffen hinterm Schlagzeug war so einprägsam und stark, dass man seinen Puls noch über Jahrhunderte hinweg wird vernehmen können. Elvin Jones, diese polyrhythmische „Jazz-Maschine" und der Motor hinter Coltrane, war über den Jordan. Er hatte eine bahnbrechende Vorarbeit für alle anderen Takthalter geleistet. Er war der erste, der sich wirklich von der Aufgabe verabschiedete, als Uhrwerk zu fungieren. Stattdessen improvisierte er durchgehend, ohne dabei die Orientierung und den Takt aus den Augen zu verlieren.

Für Schlagzeuger ist es am wichtigsten, ein konstantes Tempo zu halten. Ganz egal, was für einen Rhythmus man spielt, wenn der Pulsschlag nicht sitzt, wird man nicht zum Publikum durchdringen. Die amerikanischen Ureinwohner betonen gerne, dass die Trommeln, die sie für ihre Tänze einsetzen, einen schnörkellosen, monotonen Rhythmus vorgeben, weil dieser den Herzschlag von Mutter Erde repräsentiert. Wir Schlagzeuger wissen, dass der Herzschlag unserer Mütter das erste Musikinstrument war, das wir jemals zu hören bekamen. Wenn der rhythmische Pulsschlag auch nur im Geringsten kompromittiert ist, wird sich das auf das gesamte Ensemble auswirken, mit dem man spielt. Als ob sie sich noch immer im Bauch der Mutter befänden und der Puls der Mutter aussetzen würde. Wenn der Beat aber Konsistenz vermittelt, fühlt sich der Hörer geborgen, kann zum Sound grooven und sich in einen Song, der in seiner Funktion an warmes Fruchtwasser erinnern mag, so richtig eintauchen.

Als Spezies haben wir seit jeher versucht, in den Schoß der Mutter zurückzukehren. Das ist auch der Grund, warum wir uns zum Rhythmus bewegen, warum wir tanzen. Wenn Leute zu Jazz grooven, zu Reggae oder Hip-Hop tanzen, bewegen sie sich immer auf der Eins, also dem ersten Beat eines Takts. Als wären unsere Körper elektrisch mit dem Puls eines Songs, dessen Herzschlag, verbunden.

Ich traf Elvin zum ersten Mal 1963. Nervös zeigte ich dem Türsteher im Shelly's Manne Hole, einem Jazz-Schuppen in Hollywood, meinen gefälschten Ausweis aus Tijuana. Er sah ihn sich an und warf mir einen Blick zu, der zu sagen schien: *Dein Ausweis ist ein ganz klarer Fake, Kleiner*. Dann winkte er mich in den Club rein, in dem ich meinen Helden sehen wollte. Mit meinen 16 Jahren hatte ich mich bereits durch Coltranes LPs auf Impulse! Records gehört. Ich fütterte diese Musik meinen Ohren wie Bonbons. Es fühlte sich so an, als würden die Musikgötter mit jedem neuen Album einen akustischen Eisbecher mit heißer Karamellsauce kredenzen. Auch in meiner Autobiografie *Mein Leben mit Jim Morrison und den Doors* brachte ich diese Obsession zur Sprache: „Immer, wenn ich die Plattennadel auf eine Coltrane-Platte senkte, versetzte mich die kraftvolle, treibende Energie in meiner Vorstellung in den Körper des Schlagzeugers Elvin Jones. Der Takt pulsierte in meinen Adern." Nachdem ich bereits jede Nuance seines Stils mithilfe der Schallplatten seziert hatte (inklusive seinem Stöhnen zwischen den Viertelnoten), sollte ich Elvin nun zum ersten Mal in Fleisch und Blut gegenübertreten. Es sollte nicht das einzige Treffen bleiben, was ich aber noch nicht wusste. Er saß hinter einer der herausragendsten Formationen in der Geschichte des Jazz – und er tat das mit seinem typischen breiten Grinsen im Gesicht. Die Beatles waren noch keine feste Größe und Elvin Jones war meine Muse.

Coltrane stand ganz vorne, aber ich fixierte meinen Blick auf den Mann, der im Hintergrund saß. Ich hörte staunend zu, wie Elvin einen Beat anspielte, denn nächsten aber nur andeutete, oder manchmal zwei zur selben Zeit spielte. Das zwingt die Gehirnzellen, sich anzustrengen, und kreiert Spannung. Shyamdas, der verstorbene Kirtan-Sänger, sagte, dass man den „Tal" (Hindi für Takt) ehren müsste und sich immer darüber im Klaren sein sollte, wo sich die Eins befände. Elvin tat genau das und konnte immer noch die Rhythmen wie mit einem Schneebesen durcheinanderwirbeln, um den Hörern mehrere unterschiedliche Gerichte innerhalb von vier Takten aufzutischen. Und all das gelang ihm mit einem großen Lächeln im Gesicht.

Seine Rhythmen befanden sich fortwährend auf Messers Schneide. Als ob er gleich in sein Schlagzeug hineinkippen würdes – was natürlich nie passiert ist. Der Pulsschlag war immer da, diese Verbindung zum Göttlichen. Elvins ununterbrochener „Dialog" mit Coltrane inspirierte mich später dazu, einen ähnlichen Ansatz bei meiner musikalischen Zusammenarbeit mit Jim Morrison anzustreben. Es war Jones' lockere Spielweise, die mir den Mut verlieh, den stetigen Beat bei „When The Music's Over" während Morrisons „Rap" über die Welt buchstäblich zu unterbrechen, um bloß ein paar expressive Schläge auf mein Schlagzeug prasseln zu lassen. Meine Intuition gab mir irgendwann vor, zum Groove zurückzukehren, so wie der Pianist McCoy Tyner wieder einsetzte, wenn sich Elvin und Coltrane einen ihrer intensiven musikalischen Schlagabtäusche geliefert hatten.

Zwischen den Sets im Manne Hole begab ich mich auf die Toilette, aber nicht etwa, weil ich mich erleichtern musste, sondern weil sich diese direkt neben der Garderobe befand. Ich hörte Stimmen und Gelächter. Ich wusch mir solange die Hände, bis ich hörte, dass die Stimmen sich hinaus auf den Flur begaben. Dann trocknete ich mir die Hände an meinen Hosenbeinen ab und öffnete die Tür. Coltrane stand direkt vor mir und musterte mich. Aus Respekt verhielt ich mich aber ganz cool, vermied direkten Augenkontakt und deutete mit einer Kopfbewegung an, dass das Klo frei wäre. Aber Coltrane trat nicht ein. Stattdessen ging er an mir vorbei und nickte. Als das letzte Set vorüber war, lungerte ich noch einmal ein wenig am Klo ab und hörte wie Elvin „Hotel, Hotel" zu Coltrane sagte. Ich nehme an, er wollte auf sein Zimmer gehen. Ich wiederholte die kurze Phrase gegenüber meinen Freunden immer wieder in den nächsten Tagen. Sie müssen mich für verrückt gehalten haben.

Das nächste Mal, dass ich Zeuge wurde, wie die Muse sich mittels Elvins direktem Draht zur Sonne bemerkbar machte, war bei einer Show in der Royce Hall der UCLA. Die stilprägendste Jazz-Combo aller Zeiten wurde nun zusehends immer populärer, doch Coltranes kontinuierliche Annäherung an „das Neue", gepaart mit seinem Sinn für Integrität, pushte das Quartett in musikalische Richtungen, die manche Leute nur schwer verdaulich fanden. Auf mich traf das nicht zu. In der Royce Hall saß ich in der ersten Reihe, während sie einen einzigen Song spielten, der sich über 45 Minuten erstreckte. Eine Hälfte des Publikums suchte erzürnt das Weite, bevor die Musiker ihr Werk zu Ende gebracht hatten. Die neuen Fans hatten es einfach nicht mehr ausgehalten, weil sie die Darbietung nicht verstanden. Da ich mit seinem Werdegang vertraut war, begeisterte ich mich sehr für John Coltranes experimentelle Exkursionen in die Weiten des Raums. Wenn er nicht selbst dazu beigetragen hätte, zusammen mit Miles Davis Begriffe wie Bebop und Cool Jazz zu definieren, hätte er nicht die Erlaubnis gehabt, sich nach „draußen" zu begeben. Aber eigentlich ging es hier um das „Innere", wie eine seiner Kompositionen, „Chasin' the Trane", veranschaulicht. In der Mitte dieser langen Nummer überließ der Pianist McCoy Tyner die Rhythmussektion sich selbst. Der Bassist Jimmy Garrison und Elvin mussten sich nun ihrem Anführer stellen. Coltrane drehte sich um und lieferte sich mit dem Rücken zu uns ein Duell mit meinem Percussion-Idol. Es war eine 20 Minuten lange hochemotionale Katharsis, wie ich sie niemals zuvor oder danach von irgendeinem anderen Musiker erlebt habe. Die beiden verabschiedeten sich von dieser Welt, wie es schon in dem alten Song „Out of This World" von Johnny Mercer hieß, den sie auf einem ihrer Alben gecovert hatten. Das Fernsehen bildet nicht die Welt ab. Die echte Welt befindet sich *hinter* unserer Welt, wie es die Iren ausdrücken würden. Die echte Welt ist, so wie auch die Natur, unendlich.

Elvins Power passte perfekt zum Tenor-Saxofonisten Coltrane. Er sah aus wie jemand, dem man nicht in einer finsteren Gasse über den Weg laufen wollte. Doch er strahlte auch Liebe aus. Mir war klar, dass es auch seine Power sein würde, die Elvin letzten Endes zum Verhängnis werden würde. Wenn man sich mit Leib und Seele der Aufgabe verschrieben hat, jeden einzelnen Beat genau zu hören, dann laugt das einen irgendwann aus. Mit seinen breiten Schultern und seinen muskulösen Armen wirkte er, als ob er jeden Tag im

Fitnesszentrum trainieren würde. So ähnlich war das ja auch, nur spielte er eben tagein-tagaus auf seinem Schlagzeug. Ein Freund von mir, der Elvin kurz vor seinem Tod noch spielen sah, berichtete, wie traurig es doch war, ihn so kraftlos zu sehen.

Die Vorstellung, wie Elvin Jones da oben auf der Bühne praktisch das Bewusstsein verlor, während er darauf bestand, das zu tun, was er am besten konnte, tut mir in meinem Innersten weh. Andererseits müssen wir alle einen Preis dafür bezahlen, um das tun zu können, was wir eben so tun. Egal, ob es sich dabei um Geige spielen, Malerei, Arbeit auf einem Computer oder mit einem Presslufthammer handelt. Niemand entkommt den Risiken seines Berufes. Doch was ist, wenn gerade diese Tätigkeit dir ein Gefühl der Alterslosigkeit vermittelt? So hatte ich unlängst Probleme mit meinem Rücken, was darauf zurückzuführen ist, dass ich seit 50 Jahren krumm über mein Schlagzeug gebeugt bin. Aber wenn ich das anders gemacht hätte, hätte ich mich wohl anders angehört. Und ich spielte, wie es mir mein Ohr befahl. Also keine Reue meinerseits.

John Coltranes Beschäftigung mit indischer und afrikanischer Musik trug dazu bei, dass sich in seinem Ensemble die Auffassung breitmachte, Musik wäre nicht nur ein Mittel zum Zweck, sondern vielmehr eine Methode, die eigene spirituelle Reise voranzutreiben. Kritiker verschmähten diese neue Ausrichtung als „grotesk", „gewollt hässlich" und „verschwurbelt". Ironischerweise wurde Coltranes Publikum aber immer größer. Und ich war mittendrin. Er versetzte die Hörer in Trance, bevor er sie auf eine meditative Expedition entführte. Es war so, als würde man eine „akustische" Droge verabreicht bekommen, um sich mit einer musikalischen Eisenbahn auf eine Rundfahrt zu begeben. Manche Hörer bevorzugten es, sich im Speisewagen aufzuhalten, wo JC wunderschöne Balladen wie „After the Rain" servierte, während andere wiederum die Nähe zum Antrieb suchten, wo es das intensive „Chasin' the Trane" zu hören gab. Ein paar der Mitreisenden verschlug es aber auch dorthin, wo wir Schlagzeuger die Reise verbringen, in den Dienstwagen. Dort hinten kann es ganz schön lebhaft zur Sache gehen.

Wenn man sich der Musik ganz hingab, ähnelte ihr Effekt jener Art von „Besessenheit“, die auch in manchen Kirchen eine Rolle spielt. Auch traten dadurch die Wut und der Zorn über die politischen Zustände und vor allem auch den Rassismus jener Tage zum Vorschein. Die Bürgerrechtsbewegung befand sich im vollen Schwung und JC hatte seinen Finger am Puls der Nation. Nachdem der Ku-Klux-Klan in einer Kirche in Alabama einen Sprengstoffanschlag verübt hatte, schrieb Coltrane das so eindringliche „Alabama“. Er ließ sich für diesen Song von Martin Luther Kings Trauerrede inspirieren, die der für die vier afroamerikanischen Mädchen, die bei der Explosion ums Leben gekommen waren, gehalten hatte.

Coltrane beeinflusste damals auch minimalistisch angehauchte klassische Komponisten wie La Monte Young und Philip Glass. Vom musikalischen Standpunkt aus gibt es einige Parallelen zwischen minimaler und modaler Herangehensweise. Beide Ansätze lassen jede Menge Freiraum für die Hörer, damit sie sich darin unbegrenzt bewegen können.

Es ergab durchaus einen Sinn für mich, als ich später erfuhr, dass Coltrane, der ein unersättlicher Musikliebhaber war, sich in den 1950ern mit dem Sitar-Meister Ravi Shankar angefreundet hatte. So viel zu Musik, die jede Menge Raum schafft. Ravis Musik, auf die ich noch ausführlicher zurückkommen werde, hatte die Zeit überstanden, da sie die Vorstellung vermittelt, zeitlos zu sein. Ihre Diskussionen und Jam-Sessions unterwiesen JC in der Wissenschaft des Sounds und zeigten ihm, dass musikalische Riffs spezifische Bewusstseinszustände reflektieren. Seine Frau Alice brachte es ganz eloquent auf den Punkt: „Er fragte sich, ob es nicht möglich wäre, mithilfe von Sound zur Wahrheit durchzudringen.“

Sein Schlagzeuger war ihm da einen Schritt voraus. Elvins komplexes Spiel dokumentierte die Vergangenheit, die Gegenwart und die Zukunft. Eine von Coltranes LPs trug den Titel *OM*, was im Sanskrit „klingen“ bedeutet. Auch bestimmt diese Silbe, dass alles unabhängig von den drei Zeitebenen (Vergangenheit, Gegenwart,

Zukunft) existiert und sich in einem einzigen Klang zusammenfassen lässt. Elvin deutete dies von Moment zu Moment aufs Neue an. Während sich John Coltrane unleugbar auf der Suche nach der Wahrheit befand, hatte Elvin Jones diese bereits mittels der Kraft des Rhythmus gefunden.

Swami Satchidananda, jener indische Guru, der zu Beginn des Woodstock-Festivals 1969 gesprochen hatte, bestätigte Elvin und Coltrane auf ihrer Suche:

> Es gibt gewisse mystische Klänge (OM), die der Sanskrit-Terminologie zufolge als Bijakshara bezeichnet werden. Musik ist ein astrales Geräusch und es ist der Klang, der das ganze Universum kontrolliert, nicht etwa atomare Schwingungen. Die Energie des Klangs ist viel, viel größer als irgendeine andere Kraft auf dieser Welt.

In einem Interview sagte Coltrane einmal, dass es finstere Mächte gäbe, die Leiden verursachten. Er wollte hingegen eine Kraft des Guten sein.

Mein Instrument, die Trommel, versetzte einst Menschen in patriotische Verzückung und brachte Soldaten dazu, ihre Mitmenschen umzubringen. Ein anderer meisterhafter Schlagzeuger mit Nachnamen Jones, Jo Jones, riet einst einem jungen Kollegen: „Schlag nicht auf die Trommel ein, sondern spiele auf ihr … Die Trommel ist eine Frau.“ Selbstverständlich lehrte uns John Coltranes Schlagzeuger aber auch, dass Trommeln mehr sind als nur der Soundtrack zum Krieg, sie mehr zu bieten haben als nur einen Beat, zu dem sich prima tanzen lässt. Elvin pushte das Konzept auf die höchstmögliche Ebene. Hinsichtlich der Jahre mit Coltrane kommentierte er: „Wir artikulierten unser bis dahin erlangtes kollektives Gewissen und formten es innerhalb dieses Kontexts zu einem kohäsiven Sound. So brachten wir zum Ausdruck, wie wir uns fühlten – spirituell, emotional und intellektuell. Wir mussten uns gar nicht großartig unterhalten … alles lief telepathisch ab.“

Nach der Darbietung an der UCLA durften die Leute auf die Bühne kommen, weshalb sich auch meine Wenigkeit auf den Weg machte, um ganz schüchtern in die Rolle des Groupies zu schlüpfen. Hier handelte es sich nicht um eine Rockshow, weshalb Fans nicht erst – zumindest gefühlt – die Berliner Mauer überwinden mussten, um an einen Bühnenkünstler heranzukommen. Mir fehlte immer noch der Mut, meinen Lehrmeister anzusprechen, weshalb ich Elvin einfach nur dabei beobachtete, wie er mit einem Hammer Nägel aus dem Boden zog, die er eingeschlagen hatte, um seine Bassdrum daran zu hindern, auf der Bühne nach vorn zu rutschen. Manchmal spielte der Mann schon ziemlich hart! Ich hielt mich in der Nähe seines Schlagzeugs auf und warf verstohlene Blicke auf mein Idol. Irgendwann sollten wir noch Freunde werden. Bis heute erscheint mir sein Stil besonders nacheifernswert.

Mein nächster persönlicher Kontakt mit Elvin Jones fand erst viele Jahre später statt. In den 1980ern war Coltrane längst tot und Elvins Jazz Machine bot vielen jungen Musikern eine Plattform. Ich war gerade in New York und begab mich ins Slugs auf der Lower East Side. (Slugs war jener Jazz-Club, in dem der Trompeter Lee Morgan von seiner Frau erschossen worden war.) Die Rückseite der Bühne wurde durch eine rote Ziegelmauer begrenzt, die Elvins Sound lauter als je zuvor ins Publikum zurückwarf. Anders als viele Jazzmusiker verzichtete er zumeist auf ein Sakko, da seine muskulösen Arme die Nähte hätten platzen lassen. Mir fiel auf, dass seine Musik vielen der Besuchern zu intensiv war. Ich hingegen kam voll auf meine Kosten und mein Verlangen nach seinen Rhythmen wurde mehr als gestillt.

Ich erinnerte mich an die frühen Proben mit den Doors, als wir die Solo-Parts für „Light My Fire“ an ein paar Akkordwechseln von „My Favorite Things“ orientierten. Coltrane hatte sich dafür bei einer abgeschmackten Broadway-Nummer aus *The Sound of Music* bedient und sein ganz eigenes Ding daraus gemacht. Elvins Einfluss auf mich war wohl unleugbar, was auch dem renommierten Musikkritiker Greil Marcus auffiel, der über mein Spiel bei „Light My Fire“ schrieb:

> Quer über Manzareks Solo hinweg erhebt sich diese wilde Bestie namens John Densmore, der mit unablässiger, dringlicher Hartnäckigkeit seiner donnernden Drums die Musik glatt verschlingen könnte, sie aber stattdessen wieder ausspuckt. In unerwarteten Augenblicken zieht er sich ein wenig zurück und zieht dabei auch Manzarek mit. Sein Sound bietet plötzlich jede Menge Freiraum und man nimmt den Schlag auf die Snare als Einzelereignis wahr. Bei Kriegers Solo gibt er sich vorsichtiger, als ob sich die Bestie nicht ganz sicher ist, mit welcher Tiergattung sie sich nun konfrontiert sieht. Als ob sie noch abwarten möchte, um es herauszufinden. Während diese Passage sich fortsetzt, so flüssig gespielt von Krieger, wiederholt Densmore noch einmal den Einzelschlag auf die Snare, den er schon zu Beginn des Songs abgefeuert hat: Das Erste, was man zu hören bekommt, dessen Echo umgehend von Manzareks fulminantem Einstieg absorbiert wird. Von Anfang bis Ende behält Densmore das Lenkrad fest im Griff, weshalb alle anderen auch so befreit aufspielen können.

Ich *wusste*, dass ich mir das vom Jazz abgeschaut hatte. Ich bin ja so dankbar dafür!

1995 sah ich Jones im Vine Street Bar & Grill, einem Jazzclub, der sich ein paar Blocks vom alten Manne Hole in Hollywood entfernt befand. Ich war besonders aufgeregt. Nachdem ich Zeuge einer Darbietung geworden war, die nicht weniger kraftvoll gewesen war als jene 30 Jahre zuvor, begab ich mich hinter die Bühne, um mich nun tatsächlich mit Elvin zu unterhalten. Unter dem Arm trug ich meine Memoiren *Mein Leben mit Jim Morrison und den Doors*. Mittlerweile war ich selbst längst ein gefeierter Schlagzeuger, aber was ich mir hier gerade zu Gemüte geführt hatte, war kein Rock'n'Roll, sondern Jazzs – die Grundlage meiner ganzen Herangehensweise an das Thema Schlagzeug. Ganz schön verzagt stellte ich mich selbst vor. Mein Name sagte Elvin gar nichts. Deshalb überreichte ich ihm rasch ein Exemplar meines Buches und sagte: „Das ist für dich. Es ist meine

Autobiografie und handelt davon, in einer Rockband zu spielen. Ich schreibe darin auch, dass du es bist, dem ich meine Hände verdanke."

Ich war auf eine herablassende Reaktion eingestellt. Immerhin galt Jazz als die wertvollere Kunstform. Aber so tickte Mr. Jones nicht. Er verhielt sich unfassbar freundlich und liebenswert. Wieder einmal schätzte ich mich einfach nur glücklich, mich in seiner Gegenwart aufhalten zu dürfen. Er sprach mit leiser Stimme und bedankte sich für meinen Besuch. Ich fühlte mich vollkommen geehrt, weil ich diesem Mann, dem ich so viel verdankte, die Aufwartung machen durfte.

Einige Jahre später trat Elvin mit seiner Gruppe Jazz Machine in der Jazz Bakery in Culver City auf. Und wieder begab ich mich auf Pilgerfahrt. Elvins Spiel hatte sich nicht im Geringsten verschlechtert. Er channelte nach wie vor den Pulsschlag des Universums. Nach dem letzten Set des Abends freundete ich mich mit einem weiteren Schlagzeuger an, Len Curiel, der ganz offenkundig Elvins größter Fan war. „Du musst unbedingt noch eine Runde mit ihm plaudern", meinte Len. „Er ist total zugänglich und wird dir seine Telefonnummer in New York geben. Vielleicht gehen wir später noch alle zusammen einen Happen essen. Ich habe das schon oft mit ihm gemacht."

Wow! Abhängen mit meinem Mentor? „Ich werde mal helfen, sein Schlagzeug abzubauen", sagte ich zu Len, als ich sah, wie Elvins Frau einen Beckenständer auseinanderschraubte.

„Keiko wird dir das auf keinen Fall gestatten", lachte Len. „Sie ist sein Manager und Roadie."

Ich erspähte Dave Weckl, der mit Chick Corea spielte, sowie den Schlagzeuger von Blood, Sweat & Tears, Bobby Colomby. Beide sahen auf die Bühne hinauf und wollten ebenfalls helfen. Aber Keiko ließ sich nicht beirren. Sie lebte mit ihrem Mann bereits seit über 40 Jahren in einem Zwei-Zimmer-Apartment an der Upper West Side in New York. Das Viertel mochte sich vielleicht verändert haben, doch ihre Zuneigung zueinander war dieselbe geblieben.

Elvins Augen begannen zu strahlen, als ich mich hinter die Bühne begab und ihn fragte, wen er selbst zu seinen Mentoren und Vorbildern zählte. „Sid Cartlett, yeah, Big Sid Cartlett und noch viele andere“, antwortete er. Auf die Gefahr hin, wie ein 50-jähriges Groupie zu wirken, bat ich Jones, meine alten Coltrane-LPs zu signieren, die ich mitgebracht hatte. „Dafür brauchst du dich doch nicht zu genieren“, sprach mir Elvin Mut zu, während er sein Autogramm auf meine Sammlerstücke setzte. Ich freute mich riesig, als er noch „Für John“ auf ein großes Poster von ihm hinzufügte, dass ich mit zum Gig geschleppt hatte.

Keiko versuchte, Bewegung in die Meute zu bringen, um die lebende Legende endlich zum Aufbrechen zu bewegen. Das späte Abendessen mit dem Trommel-Genie würde somit entfallen. Aber als wir uns zu ihrem Auto begaben, ließ mich mein Guru ihm eine Beckentasche abnehmen und den Rest des Weges für ihn tragen. Obwohl es nur wenige Meter waren, war es mir dennoch eine große Ehre. Ich hatte auch nur 35 Jahre darauf warten müssen.

V.

Jim Morrison

Der Schamane

Wenn du mit deinen Füßen fest auf dem Boden stehst,
werden die Geister der Erde deine Beine emporsteigen.

Meine dritte Begegnung mit jemandem, der Zugang zu einer anderen Welt zu haben schien, ereignete sich, als ich zum ersten Mal auf Jim Morrison traf. Seine direkte Verbindung zur „anderen Seite" fiel mir schon sehr bald auf. Ich jammte in der Garage der Familie Manzarek, als mir Ray ein zerknülltes Stück Papier reichte, auf dem Jim seinen Songtext zu „Break on Through" notiert hatte:

Day destroys the night
Night divides the day
Tried to run, tried to hide
Break on through to the other side.

Diese Zeilen besaßen nicht nur Rhythmus, was ich als Schlagzeuger zu schätzen wusste, sie handelten auch von einer Verbindung zum Nichts und einem Aufstreben des Bewusstseins. Seine Worte entsprachen voll und ganz den Gefühlen eines Suchenden, der es sich zum Ziel gesetzt hatte, uns mitzuteilen, dass das Leben bittere wie süße Seiten aufzuweisen hätte, aber auch noch *etwas anderes* existiert.

Als wir uns kennenlernten, war das Wort „Schamane" noch nicht weithin geläufig. Es war noch kein Teil unseres kulturellen

Kanons. Ich kannte den Begriff jedenfalls noch nicht, als ich in Jims Gedichten darauf stieß. Er war gut vertraut mit den Praktiken spiritueller Anführer in angeblich primitiven Stammeskulturen – dass sie psychedelische Pflanzen konsumierten, sich in Trance-Zustände versetzten und Menschen zu heilen vermochten. Jim hatte schon Jahre zuvor begonnen, Bücher förmlich zu absorbieren. Er saugte sie auf wie ein Schwamm. Bereits mit 14 hatte er mit dem Schreiben begonnen. Er besaß unzählige Notizbücher, die geradezu überquollen vor Gedichten, Tiraden und Prosa. In späteren Interviews verglich er sein Leben mit einem Bogen, dessen Sehne 22 Jahre lang festgespannt worden war, bevor der Pfeil endlich losgelassen wurde.

Jim war eigentlich kein Musiker. Tatsächlich konnte er keinem Instrument auch nur einen einzigen Akkord entlocken. Mir erklärte er einmal, dass er ein gesamtes Rockkonzert in seinem Kopf gehört hätte und er nun die Welt an dieser Musik teilhaben lassen wollte. Er ersann Melodien, um sich die Songtexte, die reinste Poesie für mich waren, besser merken zu können. Was für eine Gabe! Wenn man sich etwa „The Crystal Ship" anhört, fällt auf, dass die Melodie ein paar sehr ausgeklügelte Akkordwechsel vollführt. Obwohl Jim den Blues liebte, der auf einem einfachen 12-Takt-Format basiert, hing er auch seinen eigenen inneren Melodien nach, die wiederum auf relativ komplexen Akkordstrukturen beruhten. Alles, was sich in seinem Kopf abspielte, war absolut intuitiv – und ohne uns drei Musiker hätte er nicht über die Möglichkeit verfügt, seine Ideen auch umzusetzen. Er schrieb zuerst den simpel aufgebauten „Roadhouse Blues", bevor er dann den weitaus komplizierteren Song „When the Music's Over" hinterherschob. Und so weiter. Für Jim verstummte die Musik keine Sekunde lang.

Jemand sagte einmal zu mir, dass Jim, wenn er nicht die Band gehabt hätte, eventuell schon früher gestorben wäre. Dieser Gedanke beschäftigt mich immer noch. Der positive Aspekt von Jims Tendenz zu Ausschweifungen – sein Impuls zur Maßlosigkeit – bestand letztlich darin, seine Ängste in Kreativität umzumünzen. Die negative Seite manifestierte sich natürlich in Form seines Drogen- und Alkoholmissbrauchs.

Der großartige, aber leider verstorbene Tom Petty, dieser superbe Songwriter, teilte mir seine eigene Theorie zu Jim mit. „Manche Künstler, nämlich die wirklich großartigen, brennen auf voller Flamme. Auf diese Weise verbrauchen sie aber umso schneller sehr viel Treibstoff. Man muss sich so lange und so fest wie möglich daran erfreuen, wie das eben möglich ist." Morrison steckte voller Energie, die er irgendwie verbrennen musste. Es war letztendlich der „Geist" aus der Flasche, der seine Flamme zum Erlöschen bringen sollte. Wir alle waren gesegnet, zumindest die 27 Jahre lang, die er auf diesem Planeten weilte, an seiner kreativen Kraft teilhaben zu dürfen. Er schenkte uns seinen Sound – und was aus seinem Munde zu uns drang, war etwas ganz Besonderes.

Anfangs spielten seine Nerven seiner Stimme noch einen Streich, woraufhin sie eher dünn zu erklingen pflegte, doch nach einem Jahr Proben entwickelte sie sich zu einem satten Bariton. Und dann gab es ja noch seine Schreie. Als ob jemand an ein Kreuz genagelt würde. Gepeinigte Schmerzenslaute, die dem Innersten seiner Seele zu entspringen schienen. Da er vor dem Aufeinandertreffen mit seinen Bandkollegen noch nie gesungen hatte, wirkte seine Stimme wie eine gewaltige Gabe aus einer anderen Welt. Während andere Rocksänger Probleme mit dem Hals bekamen und sich Eingriffen unterziehen mussten, schienen Jims Stimmbänder nie wirklich in Mitleidenschaft gezogen zu werden. Auch wenn er sich manchmal anhörte, als hätte er sich in die Kehle gegriffen und sie herausgerissen, um sie der ganzen Welt präsentieren zu können. Vermutlich verließ er sich beim Singen auf sein Zwerchfell, wozu einem auch Gesangslehrer raten.

Seine drei musikalischen Nebenmänner – und es brauchte gleich drei von uns, um dem Elan dieser einen Person gerecht zu werden – durften sich glücklich schätzen, Jim den perfekten klanglichen Rahmen zu bieten, in dem er sich ideal bewegen konnte. Natürlich war das nicht nur reines Glück – Talent gehörte schon auch dazu. Als er uns zum ersten Mal a cappella „The End" vortrug, hielt ich es für ein Abschiedslied für eine Verflossene. Aber im Verlauf der Zeit, als wir es in den Clubs spielten, breitete sich der Mittelteil wie eine riesige Leinwand vor ihm aus, auf der sich Jim so richtig austoben konnte. Man konnte richtig die Liebe und Wonne spüren, die er empfand, als er sich voll und ganz dem Klangteppich des Gitarren-Drones, den gehaltenen Orgeltönen und dem grenzsprengenden Groove hingab. Ich hörte auf meine Eingebung und nahm die Snare-Trommeln ab, die einen typischen Rock-Sound verbreiten. Stattdessen spiele ich einen düsteren, stimmungsvollen Sound auf den Toms. Jim fühlte sich wohl und sicher genug, um sein Unterbewusstsein zu entfesseln und seine tiefgründigen, mitunter auch düsteren Gedanken mit der Welt zu teilen. Er brachte auf diese Weise die urwüchsigen, sexuellen und ödipalen Aspekte unser aller Psychen ans Tageslicht.

> The blue bus is callin' us
> Driver where you takin' us?
> Meet me at the back of the blue bus,
> Doin' the blue rock, on a blue bus … yeah.

Obwohl ich manche von Jims Texten nicht verstand, stellte ich sie nicht infrage. Ich konnte sie spüren – und sie fühlten sich richtig an. Mein Freund Robert Bly, ein amerikanischer Dichter, sagte einmal zu mir, dass er mitunter in seinen Gedichten Zeilen schrieb, die er zwar selbst nicht ganz begriff, die aber auf der Gefühlsebene ihre Berechtigung besaßen. Vom Sound quasi eingehüllt, brachte Jim jene archetypischen Unterströmungen zum Ausdruck, die uns alle, obwohl wir uns dessen in der Regel nicht bewusst sind, miteinander verbinden. Doch manchmal schien Jim seine Poesie auch nicht weiter zu analysieren und einfach loszulegen.

> Ride the snake, to the lake, the ancient lake,
> The snake he's long, seven miles, he's old
> And his skin is cold, baby.

Wir ließen uns mit Jim auf ein Risiko ein, trafen ihn „at the back of the blue bus / Doin' a blue rock". Und dafür werden wir ihm für immer dankbar sein. Der Sound, der von hinten aus dem Bus drang, war sehr tiefgründig. Er vermittelte Urängste, Urgelüste und alles, was dazwischen lag.

Als ich begriff, dass Jim sich im rasanten Sinkflug befand, zog ich mich als Freund aus Selbstschutz zurück. Klar, sobald wir der Wiege entwachsen sind, halten wir bereits Kurs auf unser Grab, doch ich wollte, dass meine eigene Reise gemächlicher verlief. Ich war davon ausgegangen, dass wir uns vielleicht für ein Jahrzehnt oder so würden halten können, doch ich hatte ja keine Ahnung, dass unser Leadsänger sich in einen Schaltkreis konzentrierter, allumfassender Klangschwingungen eingeklinkt hatte, der Schallwellen aussendete, die man auch heute noch, 50 Jahre später, vernehmen kann.

Wynton Marsalis, von dem mit *Blood on the Fields* die erste Jazz-Komposition stammt, die den Pulitzer-Preis gewann, beschreibt Musik als „unsichtbare Kraft". Ich bin stolz darauf und dankbar dafür, dass ich mit den Doors zum Sound beitragen durfte. Angetrieben von Jims Elan, unterstützten wir ihn dabei, das Konzert aus seinem Kopf herauszuholen und hinaus ins Universum zu entsenden. „Light My Fire" wurde 1972 im Rahmen der Apollo-17-Mission gespielt. Unlängst erst wurde unser erstes Album in die Library of Congress aufgenommen. Also fand Morrisons Botschaft ihr Publikum. Ich bin mir sicher, dass Jim sehr stolz darauf ist.

VI.

Emil Richards

Gute Schwingungen

Musik beruht auf Vibration.

Emil Richards, der zu den beliebtesten Musikern zählt, die jemals auf Erden weilten, hat mit allen gespielt. Damit meine ich wirklich mit jedem – von Frank Sinatra über George Harrison bis hin zu Ravi Shankar. Seine musikalische Präsenz schmückte sämtliche Genres.

Zum ersten Mal traf ich ihn im Shelly's Manne Hole, jenem Jazzclub in Hollywood, in dem ich auch Coltrane gesehen habe. Tatsächlich sah ich alle Größen dort – und Emil zählte auch dazu. Er spielte dort das Vibraphon mit dem Paul Horn Quintet, einer Gruppe, der auch Miles Davis huldigte. „Paul Horn spielt sein Instrument so, wie sich das gehört", lobte ihn der Trompeten-Großmeister. Der Altsaxofonist erwiderte das Kompliment. „Miles versteht es, auf den richtigen Augenblick zu warten. Er spielt keine Noten, solange er damit nicht etwas aussagen will. Aber wenn es soweit ist, spricht er die Wahrheit."

Das Paul Horn Quintet spielte diese hastigen Jazz-Walzer-Tempi, von denen ich als Teenager gar nicht genug bekommen konnte. Ich drosch stundenlang auf die Felle ein, im Bestreben, diesen speziellen 3/4-Takt-Groove nachzuahmen. Wenn Emil ein Solo vom Stapel ließ, war das, als ob er einen Toast mit Butter bestreichen würde. Er lehnte sich dann ein wenig nach links oder rechts und glitt äußerst behände und dynamisch mit seinen Schlegeln über das metallene Vibraphon. Gleichzeitig schien sein Spiel jeglicher Anspannung zu entbehren.

Doch was letztlich spielerisch und einfach wirkte, so fand ich heraus, war das Resultat jeder Menge harter Arbeit. Es ist ganz egal, welcher Kunstform man sich verschrieben hat – der Malerei, der Musik, der Schauspielerei –, sie alle erfordern jahrelange Übung.

Jahre nachdem ich Emil Richards Jazz spielen gesehen hatte, begab ich mich auf einen einmonatigen Meditations-Urlaub zum Maharishi. Zu meiner großen Freude traf ich dort auf Paul Horn und Emil. Am Ende dieser Einkehr gab es eine Jam-Session. Mehrere Blues- und Rockmusiker zogen ihr Ding durch, als schließlich Paul und Emil die Bühne betraten. Nun war auch mein Zeitpunkt gekommen. Mein Herz pochte heftig, als ich mich ebenfalls auf die Bühne begab und mich zum Schlagzeuger beugte, um ihm zu sagen: „Ich kennen die Nummern, die sie spielen werden." Er reichte mir die Sticks.

Ich gab einen flott gespielten 3/4-Takt vor und schon spielten wir „Fun Time". Ich war überzeugt, dass das, was meine Hände da taten, zum Sound passte. Emil bestätigte mir das, indem er sich zu mir umdrehte und mir mit dem Daumen nach oben seine Zustimmung vermittelte. Er grinste übers ganze Gesicht. Dieser Augenblick ist mir auch heute noch gegenwärtig, obwohl es schon 50 Jahre her ist. Ich zehre immer noch davon. Dieser junge Schlagzeuger in seinen Zwanzigern spielte hier mit zwei seiner Helden und sie reagierten mit Zustimmung.

Es vergingen daraufhin wieder ein paar Jahre. George Harrison tourte inzwischen mit einer Gruppe von ausgezeichneten Rockmusikern und Ravi Shankar, dem phänomenalen indischen Sitar-Spieler. Ravi wiederum begleitete ein kleines Ensemble von indischen Musikern. Emil spielte mit beiden Gruppen. Um in der Lage zu sein, diese ausgefuchsten Raga-Rhythmen zu spielen, musste man es schon draufhaben – ein weiteres Beispiel für seine Vielseitigkeit. Mittlerweile hatten wir uns angefreundet und ich genoss es, seinen vielen Anekdoten über all die Größen, die er in seinem Leben getroffen hatte, lauschen zu dürfen: „Einmal, als ich mit Frank [Sinatra] auf Tour war, fragte er mich, was es mit dem Namen Emil auf sich hätte. ‚Du heißt doch Emilio, stimmts?' Ich antwortete ihm: ‚So ist es, Mr. Chairman!'"

Der langjährige Studiotechniker der Doors, Bruce Botnick, war dazu übergegangen, große Sinfonie-Orchester für Filmmusik-Produktionen aufzunehmen. Er lud mich zu einer Session ein. Der berühmte Filmkomponist Jerry Goldsmith stand gerade hinter der Konsole, als ich den Regieraum des Studios betrat. Bruce stellte mich der weißhaarigen Legende mit dem Pferdeschwanz vor. Goldsmith gab sich freundlich, hatte aber eine Menge um die Ohren. Wenn man Musik für einen Film aufnimmt, muss man sich um hunderte musikalische Details kümmern.

Mir fiel auf, dass sich im Studio gerade einmal vier Overhead-Mikrofone befanden, die aber 80 bis 90 Musiker einfangen sollten. „Bruce, du hast ja für mein Schlagzeug schon mehr Mikros verwendet als hier. Was hat es denn damit auf sich?"

„Wenn man sie richtig positioniert, John, dann braucht man nicht mehr", erwiderte mir Bruce.

Diese Antwort erinnerte mich wiederum an den brillanten Produzenten Daniel Lanois, der ganz hinten im Mix eine mit sehr viel Echo verhallte Gitarre platzierte, was der Musik Tiefe und Räumlichkeit verlieh.

Plötzlich erspähte ich ein mir bekanntes Gesicht unter den Perkussionisten: Emil Richards! „Okay, ich verziehe mich mal zu meinen Leuten." Ich blickte zu Goldsmith, um sicherzustellen, dass er nicht gerade aufnehmen wollte. Dann betrat ich den Aufnahmeraum. Es erinnerte mich an das Sinfonie-Orchester an der Highschool, nur handelte es sich hier garantiert nicht um Amateure. Emil hieß mich unter meinesgleichen willkommen und zeigte mir seine Ausrüstung. Er besaß eine der umfangreichsten Sammlungen von Instrumenten, die er aus jeder Ecke der Welt mitgebracht hatte.

Als ich Mike am Flügel bemerkte, kam auch er zu uns herüber. Er hatte mit mir die Uni High School besucht. Schon damals hatte sich abgezeichnet, dass er einmal ein großartiger Jazzpianist werden würde. All die Typen hier spielten in der Oberliga der Studiomusiker und wurden angeheuert, um so mancher Session ihren Stempel aufzudrücken. Die meisten von ihnen bekamen das Doppelte oder Dreifache vom Mindestlohn bezahlt.

Jerry Goldsmith hatte nun ebenfalls den Raum betreten und Aufstellung am Podium bezogen. Er machte mit dem Dirigentenstab auf sich aufmerksam. „Einsatz Nummer 36, bitte", informierte er die große Ansammlung von Musikern. Emil signalisierte mir, dass ich bleiben könne, wenn ich mich mucksmäuschenstill verhielte. Mike Lang kehrte an seinen Flügel zurück. Bruces Stimme erklang über die Lautsprecher: Die Aufzeichnung lief bereits. Jerry dirigierte ein paar überaus komplexe Minuten Orchestermusik. Im Anschluss rief Bruce: „Alles im Kasten!"

Mike Lang kam nun noch einmal zu uns rüber, um unser Pläuschchen fortzusetzen. Ich konnte kaum fassen, dass diese Musiker diese so anspruchsvolle Musik vom Blatt spielen konnten. Ich weiß noch, wie ich mich in der Schule mit dem Notenlesen geplagt hatte. Diese Typen aber schafften alles gleich im ersten Anlauf. Ich empfand enormen Respekt für sie.

Das nächste Mal sah ich Emil erst auf der DVD *Concert for George* wieder. Ein trauriger Anlass eigentlich: Immerhin handelte es sich hierbei um die Aufzeichnung jener Veranstaltung, die zu George Harrisons erstem Todestag in der Royal Albert Hall stattgefunden hatte. Allerdings war diese Show auch eine der eindrucksvollsten Hommagen, die einem Musiker zuteilwerden konnten. In der ersten Hälfte spielten ungefähr 15 der besten indischen Musiker eine Komposition, die Ravi Shankar anlässlich Georges Ableben geschrieben hatte. Ravis Tochter Anoushka dirigierte und Emil spielte auf der Marimba. Er weihte mich ein, dass Anoushka eine ganz klare Linie verfolgte, um den westlichen Musikern zu helfen, in die sehr komplexen Raga-Melodien hineinzufinden. Das war ja so spannend! George erhielt einen musikalischen Abschied, den selbst die Engel im Himmel noch hören konnten.

Jahre später erklärte mir Emil beim Abendessen, dass er kurz nach Georges Tod noch bei ihm gewesen war. Er war gerade mit seiner heißgeliebten Frau Celeste im Kino, als er von Georges Frau Olivia einen Anruf erhielt. George hatte zwar unsere Daseinsebene bereits verlassen, doch Olivia lud Emil und Celeste zu sich ein, um sich noch zu verabschieden. Zusammen hielten sie am Bett des Beatles-Gitarristen eine traditionelle Puja ab. Dabei handelt es sich um ein Gebetsritual, mit der man einer Gottheit die Ehre erweisen möchte. Emil schwor mir, dass er, als er zum Ende kam, den Anflug eines Lächelns über Georges Gesicht huschen sah.

Emil channelte die Musik der Sphären. Es existieren Geister, die unter uns wandeln, um uns das Licht zu bringen. Wir können so viel Licht gebrauchen, wie wir kriegen können, da die Dunkelheit um uns herum fast undurchdringlich erscheint. Emil leuchtete mit seinem Licht in den Abgrund. Er tat dies mit einem Lächeln. Es ist nun schon 20 Jahre her, dass ihm ein Arzt mitteilte, dass er aufgrund seines Zigarettenkonsums wohl bald den Löffel würde abgeben müssen. George Harrison hatte ihm einmal eine riesige Kiste für seine Percussion-Instrumente bauen lassen, die ein exakter Nachbau einer Camel-Packung war.

Seine Tochter Camille erzählte mir, dass ihr Dad eines Tages auf seine Handfläche zeigte und sagte: „Sieh mal die Lebenslinie hier. Die ist so lang, die reicht bis zu meinen Eiern runter!“ Vor ein paar Jahren sagte Emil beim Mittagessen zu mir: „Ich werde euch schon noch ein Weilchen erhalten bleiben.“ Ich fragte mich, wie viel Einfluss er auf solche kosmischen Fragen tatsächlich hatte. Nun ist das Licht meines geliebten Lehrmeisters erloschen und ich beende das Telefonat, in dem mich Celeste davon in Kenntnis gesetzt hat. Sie berichtete mir auch, dass er sie vor ein paar Tagen noch darum gebeten hatte, sich zu ihm ins Bett zu legen, um ihn zu festzuhalten. Er war 86 Jahre alt und alles ging ganz schnell. Keine Schmerzen. Am Morgen hatte er noch zu seiner Tochter gesagt: „Heute ist es soweit.“

„Ach, komm schon, Dad!“, hatte Camille unwirsch reagiert.

Um sein Licht wieder zum Erstrahlen zu bringen, spielte ich auf einer afrikanischen Trommel, die ich von Emil geschenkt bekommen hatte. Ich widme den Rest meines Lebens der Aufgabe, jenen Funken zu channeln, der den Augen meines Percussion-Kollegen zu entspringen schien.

VII.
Lou Reed

Im Dunkeln sehen

Wer seinen Schatten nicht sehen kann, macht sich angreifbarer.

Anfangs verstand ich Lou Reed nicht. Mit dem einwöchigen Gastspiel von Velvet Underground im Whisky im Jahr 1967 schienen typische Ostküsten-Angstgefühle in das sonnige Südkalifornien Einzug zu halten. Ich begriff auch nicht, dass ihr Können als Musiker hinter ihrer Message nur die zweite Geige spielte – und ihre Message war eine Stimme, die aus der Unterwelt nach oben drang. Den deutschen Vamp Nico – sie sang/sprach ein paar der Songs in ihrem markanten Akzent – umgab dabei eine Aura des Zorns.

Der spätere Staatschef der Tschechoslowakei sowie der Tschechischen Republik, Václav Havel, verstand, was es mit Lou Reed und Velvet Underground auf sich hatte. Wahrscheinlich, weil er damals selbst im Untergrund tätig war. Seine Stücke waren zu politisch-provokant für das damalige tschechoslowakische Regime, weshalb er sogar eingesperrt wurde. Lou Reeds Musik befeuerte Havels Geist und inspirierte ihn, irgendwann einmal Präsident seines Landes zu werden. Die gewaltfreie Samtene Revolution, die in die Gründung Tschechiens und der Slowakei mündete, wies vielleicht nicht nur zufällig eine Namensähnlichkeit mit Lous alter Band auf. In den USA begriffen fundamentalistische Rechte, die Rock'n'Roll-Scheiben als „Teufelsmusik" verunglimpften, hingegen noch immer nicht, dass diese Musik die beste Werbung für demokratische Werte war, die sich die Vereinigten Staaten nur wünschen konnten.

Unser Leadsänger wusste, wie man sich Nico nähern musste. Auf mehr als eine Weise. Ein paar Jahre später übernachtete ich im Great Northern Hotel in Manhattan im Zimmer neben Jim. Nico und er hielten mich die ganze Nacht wach! Es hörte sich so an, als würden fortlaufend Dinge zu Bruch gehen, was mir Sorgen bereitete. Allerdings sahen beide am nächsten Morgen okay aus. Gegenüber der Presse verkündete Nico später: „Ja, der Jim, der ist schon verrückt!"

Mir war klar, dass unsere Songtexte mitunter ziemlich düster waren, weshalb mir eigentlich hätte auffallen müssen, dass die Velvets sich auf einem ähnlichen Terrain bewegten. So wie auch Jim sah Lou keinen Grund, Rock'n'Roll nicht mit abgründig-intellektuellen Texte zu kombinieren.

Mein nächstes Aufeinandertreffen mit dem Mann aus Brooklyn ereignete sich bei den Dreharbeiten zu einer Filmklamotte rund um das Thema Rock'n'Roll mit dem Titel *Get Crazy*. Ich fand mich in der Rolle eines Heavy-Metal-Schlagzeugers wieder und Lou sollte das Plattencover von Bob Dylans Album *Bringing It All Back Home* nachstellen. Das war eine der wenigen coolen Szenen in dem Streifen.

Lou, der sich noch nicht allzu lange von den harten Drogen verabschiedet hatte, kam erheblich ins Schwitzen, als er die Treppe zum Set emporkletterte. Ich kam ihm entgegen und sagte: „Lou, ich bin John Densmore. Du bist einer der Gründe, warum ich diese Rolle angenommen habe. ‚Waves of Fear' ist ein echt großartiger Song." Er sah mich an, als ob ich den Verstand verloren hätte. Vermutlich schockierte es ihn, dass ich eine seiner obskureren Nummern zu schätzen wusste. Er sah aus, als ob er den Inhalt des Songtexts nur allzu gut nachvollziehen konnte, immerhin ging es darin um Entzug.

Nach seinem „Walk on the Wild Side" fand Mr. Reed wieder in die Spur zurück, um im Verlauf von mehreren Jahrzehnten ein paar wunderbare Soloalben aufzunehmen. Ich kann immer noch nicht genug von seiner Platte *New York* bekommen, die 1989 erschienen ist. Dort setzte er sich mit einer Vielzahl unterschiedlicher Themen auseinander, zum Beispiel Aids, Umweltverschmutzung, Kriminalität, dem Papst und den Walen. Jedem anderen Songwriter wäre es schwergefallen, all diese Dinge unter einen Hut zu bringen, ohne dabei irgendwie gekünstelt zu wirken. Doch Lou wusste, was er tat, und das Ergebnis war fantastisch.

Das nächste Mal kreuzten sich unsere Wege im Rahmen einer Buchmesse in New York. Lou war gerade aus der Tschechischen Republik zurückgekehrt. Präsident Havel hatte den Rocker eingeladen, um ihn zu interviewen. Dabei handelte es sich um eine Geste der Dankbarkeit seitens des ehemals verteufelten Schriftstellers, der Zuflucht in Lou Reeds Musik gesucht hatte, als er am Tiefpunkt angekommen war. Man konnte es Lou direkt ansehen, wie aufregend diese Erfahrung für ihn gewesen war. Außerdem schien er sich in guter körperlicher Verfassung zu befinden. Welch eine Erleichterung! Indem er überlebt hatte, ermöglichte er es dem Rest von uns, uns an seiner Kunst zu erfreuen.

Da Lou sich wünschte, dass seine Musik zu den ungeschminkten Songtexten passte, setzte er seine Gitarre wie eine Schusswaffe ein, um eine ganze Salve seiner akustischen Projektile auf sein Publikum abzufeuern. „Die Musik berührt mich auf einer zutiefst emotionalen Ebene", verkündete der Leadsänger von Velvet Underground. Er stimmte sämtliche Saiten seiner Gitarre auf denselben Ton und beschrieb den daraus resultierenden Sound als „Vogel-Strauß-Gitarre", nach dem Prä-Velvets-Song „The Ostrich", bei dem er diese Stimmung zum ersten Mal zum Einsatz gebracht hatte. Dann hämmerte er mit seiner Schlaghand auf die Saiten ein, als ob er damit dem Publikum einen symbolisch-perkussiven Schlag ins Gesicht versetzen wollte. Er wollte die Menschen aufwecken und wusste *genau*, was er tat. „Der Sound lässt sich nicht erklären, so wie das Licht", philosophierte Lou. „Und geordneter Sound ist Musik."

So wie auch für die ganze Stadt New York war Lou Reeds Ableben auch für mich ein herber Schlag. Angesichts der so rührenden Zeilen, die seine Frau Laurie Anderson zum Abschied via *Rolling Stone* veröffentlichen ließ, blieb wohl kaum ein Auge trocken. Meine quollen förmlich über. Sie hatte Lou in ihren Armen gehalten, als er starb. Ganz zum Schluss schien er bereit zu sein. Diese oftmals so gequälte Seele kam endlich zur Ruhe.

Wie auch Jim Morrison hinterfragte Lou Reed unentwegt die Grenzbereiche der menschlichen Natur. In einem Interview mit David Fricke vom *Rolling Stone* zitierte Lou die Schauspielerin Bette Davis im Film *Alles über Eva*: „Ich hasse Gefühlsduselei." Auf die Gefahr hin, übertrieben sentimental zu wirken, möchte ich mich bei dir, Lou, dafür bedanken, dass du mich nicht wie die Titelfigur aus „Waiting for the Man" mit musikalischen Rauschmitteln versorgt hast. Auch möchte ich mich bei Laurie für ihre bewegende Hommage an ihren Mann bedanken. Im Gegenzug möchte ich eine Zeile des Dichters Galway Kinnell über den Tod zitieren: „Die Entschädigung für das Sterben ist die Liebe."

VIII.
Janis Joplin

Hingabe

Lasst uns loslegen!

Mir war gleich klar, dass ich mich wieder einmal in der Gegenwart einer begnadeten Person befand, als ich Janis Joplin traf, die letzten Endes sogar zu einer echten Musiklegende avancieren sollte, wovon wir alle bis heute profitieren. Leider fiel Janis ihren psychischen Traumata zum Opfer, ohne die Früchte ihrer Arbeit ernten zu dürfen.

Der sanftmütige Chet Helms, der später den Avalon Ballroom in San Francisco übernahm, lebte seinen Traum mit Janis. Zuhause in Texas hatte die junge Joplin versucht, ihre Muse anzulocken, indem sie ihre Gefühle dadurch zum Ausdruck brachte, dass sie aus Magazinen und Tageszeitungen Fotos ausschnitt und an die Wand der Garage heftete und eins der ersten Mädchen war, das typische „Jungenklamotten" trug, Jeans und Denim-Jacken. Ihr Cowboy-Ethos trieb sie auch an, weiterzuziehen und Texas den Rücken zu kehren. Sie trampte quer durchs Land bis nach San Francisco, weil Chet, den sie noch aus Texas kannte, auf der Suche nach einer Sängerin für eine Band war, die er managte. Sie beide wurden in der Bay Area heimisch.

Die psychedelischen Ballrooms in San Francisco wichen stark vom gängigen Konzept eines ordinären Tanzsaals ab. Der visionäre Veranstalter Bill Graham sollte die Art und Weise, wie Rock'n'Roll präsentiert wurde, für immer verändern. Er war mutig genug, jeden Abend drei Acts zu buchen, die äußerst unterschiedlichen Genres entstammten – zum Beispiel dem Rock, dem Jazz und dem Blues. Auch die ethnische Zusammensetzung war überaus divers. So bekam man an einem einzigen Abend Sly and the Family Stone, die Grateful Dead und eine Bluegrass-Band zu sehen, während eine psychedelische Lichtshow auf die Wände projiziert wurde.

Als wir mit den Doors zum dritten Mal die Stadt an der großen Bucht beehrten, spielten wir in Bill Grahams Fillmore Auditorium mit Jefferson Airplane und der James Cotton Blues Band. Nach unserem ersten Set trat der Bassist von Jefferson Airplane, Jack Cassidy, an Robby und mich heran: „Hey, Jungs, ihr solltet ins Avalon rüberfahren und euch Big Brother and the Holding Company ansehen." Big Brother? Was war denn das für ein Bandname? Außerdem würde das hinsichtlich unseres zweiten Sets an diesem Abend eine echt knappe Kiste werden. „Ihr habt mindestens anderthalb Stunden Zeit, während wir und James Cotton unsere Sets spielen", sagte Cassidy. „Ihr solltet euch echt die Sängerin reinziehen."

Da er so darauf bestanden hatte, stiegen Robby und ich in unseren Mietwagen und fuhren rüber in die Van Ness Avenue. Als wir die weiße Treppe hochstiegen und den großen weißen Saal – die Lightshow wurde auf weiße Laken projiziert, die über die Wände und die Decke gespannt wurden –, vernahmen wir einen rauen, bluesigen Sound.

Die Sängerin performte mit einer solchen Inbrunst (und Verzweiflung), dass ich ganz hin und weg war. Wir kämpften uns bis zu einer Bühnenseite vor, von wo aus wir beobachten konnten, wie sie sich zwischen Refrain („Down on me, down on me") und den Strophen wie eine Besessene bewegte. Die Seele einer uralten Bluessängerin schien wie eine elektrische Ladung durch den Fußboden in sie gefahren zu sein und Besitz von ihr ergriffen zu haben. Sie rang mit dem Mikrofonständer, würgte ihn und riss ihn hin und her, als ob sie jemanden im Würgegriff hätte. Ihre Hingabe wirkte höchst intensiv. In dieser Hinsicht konnte ich mir bei ihr für mein Schlagzeugspiel auf jeden Fall noch was abschauen. Verdammt, diese Frau hatte Soul!

Sie beendeten ihr Set und ich begab mich hinter die Bühne, um diese unglaubliche junge Sängerin zu treffen. Sie hieß Janis Joplin.

Nachdem sie auf der Bühne einfach alles gegeben hatte, erfrischte sie sich mit Schlucken aus einer großen Flasche Red-Mountain-Wine. Echter Fusel eben. Sie schenkte mir ein warmherziges Lächeln und bot mir die Buddel an. Ich trank und sagte ihr, nachdem ich ihr die Flasche zurückgegeben hatte, dass mir ihr Auftritt sehr gefallen hätte, ich nun aber zurück ins Fillmore musste, um unseren zweiten Auftritt zu absolvieren. Ich wusste, dass Robby und ich bald wieder von ihr hören würden. Es bestand kein Zweifel daran, dass ihr Weg direkt in die Charts führen würde.

Sie verstand es, die Hörer in ihren Bann zu ziehen. Das eine Mal, als ich Aretha Franklin live sah, dachte ich mir: *Die Frau schafft es, das Publikum mit einer einzigen Note in Raserei zu versetzen!* Genau das war auch Janis' Traum. Sie sagte: „Billie Holiday, Aretha … Die sind ja so subtil. Sie können dich mit zwei Tönen herumkriegen. Sie müssen gar nicht viel machen – und es kommt einem vor, als würden sie dir das ganze Universum zu Füßen legen … Das kann ich noch nicht. Alles, was ich bis jetzt vorzuweisen habe, ist meine Power. Aber vielleicht werde ich irgendwann auch so gut, wenn ich weiterhin singe." Schon damals hätte ich sie in dieselbe Kategorie eingereiht, obwohl sie sich selbst noch nicht für so gut hielt.

Das nächste Mal traf ich Janis mehrere Jahre später in Woodstock wieder. Sie war inzwischen ein richtiger Superstar und hatte beim Monterey Pop Festival mit ihrer Version von „Ball and Chain" quasi allen anderen die Show gestohlen. Das Publikum starrte die junge weiße Sängerin an. Den meisten standen die Münder offen – wie Mama Cass, die in der ersten Reihe Aufstellung bezogen hatte. Ms. Joplin umgab sich mittlerweile mit einer Entourage und war nicht mehr so warmherzig und freundlich wie seinerzeit im Avalon. Diese Veränderung mochte auch von den schlechten Angewohnheiten herrühren, denen sie mittlerweile frönte. Ja, auch Drogen waren nun im Spiel.

Bei einer Party in Los Angeles, die sich ebenfalls in jenen Tagen zutrug, zog Jim, der sich nun auf dem besten Weg befand, ein Alkoholiker zu werden, Janis an ihren Haaren. Sie zog ihm daraufhin eine Flasche Southern Comfort über den Schädel. Nur ein paar Saufnasen, auf die die Gosse wartete. Nicht länger in der Lage, sich selbst zu helfen. Ihr Leben mit voller Hingabe zu zelebrieren, war ihr gemeinsames Mantra. So wie Janis bei „Piece of My Heart" sang, kannte sie keinerlei Grenzen und gab buchstäblich zu viel von sich. „Bei einem Konzert mache ich mit 25.000 Menschen Liebe – und anschließend gehe ich allein nachhause", sagte sie einmal.

Das erinnert mich an einen Traum, von dem mir Jim einst erzählte: „Wir spielen ein großes Konzert, danach geht es zurück ins Hotel. Während ich den Flur zu meinem Zimmer entlang schlendere, höre ich Stimmen. Ich frage mich, ob ich mich im falschen Stockwerk befinde. Ich überprüfe meinen Schlüssel und alles scheint in Ordnung zu sein. Allerdings ist eine große Party im Gange. Ich öffne vorsichtig die Tür. Es starren mich ein paar Leute an, so als ob sie nicht wüssten, wer ich bin. Dann feiern sie einfach weiter."

Nicht alle Künstler sind gleichzeitig kreativ *und* selbstzerstörerisch veranlagt, doch auf diese beiden traf das garantiert zu. Nach Woodstock schien der Traum der Hippies in einer Sackgasse gelandet zu sein. Der Griff zur Flasche oder gar zur Spritze sollte Abhilfe leisten. Um die alten Wunschvorstellungen – Liebe, Friede, Freiheit – wiederaufleben zu lassen, musste mitunter die Hilfe der Anonymen Alkoholiker in Anspruch genommen werden.

Dave Hayward, Trompeter bei Janis, erzählte mir, was sich auf einer Fahrt von New York nach Nashville zugetragen hatte. Joplin war der Ansicht, dass sie dem Country-Publikum etwas entgegenkommen müsste, weshalb sie beschloss, „Me and Bobby McGee" von Kris Kristofferson zu covern. Diese Wahl war so perfekt, dass sie damit nicht nur die Country-Fans für sich gewinnen konnte, sondern mit einer Aufnahme der Nummer auch bis an die Spitze der Charts vorstieß. Es war ihre einzige Nummer-1-Single! Ihre Darbietung entführte ihre Hörer ohne Umschweife in das Führerhäuschen jenes

Trucks, den sie da besang. „Me and Bobby McGee" wurde nach „(Sittin' on) Dock of the Bay" von Otis Redding die zweite postum erschienene Nummer 1 in der Geschichte der US-Charts.

Leider holte Janis ihr Rauschmittelkonsum ein und so war sie nicht in der Lage, den großen Erfolg ihres letzten Album *Pearl* mitzuerleben. Um es mit den Worten des großen Randy Newman auszudrücken: „An der Spitze ist es ganz schön einsam." All dies minimierte meinen Wunsch, auf der Bühne einmal ganz im Mittelpunkt zu stehen. Ich saß ganz hinten – und irgendwie war es auch sicherer dort. Man bekam immer noch genug Aufmerksamkeit ab, jedoch stieg einem das Ganze nicht so sehr zu Kopf.

Janis und Jim gehörten zu jenen großartigen Künstlern, die mitten im Rampenlicht standen und schließlich ihren Dämonen zum Opfer fielen. Zwei abschreckende Beispiele. Appetit auf Selbstzerstörung und die Tendenz, rasch auszubrennen, waren keine Voraussetzungen dafür, kreativ zu sein. Manche Künstler konnten aber einfach nicht anders. Jimi Hendrix hatte eine große, strahlende Zukunft vor sich und machte den Fehler, gewisse Substanzen zu kombinieren. Joplin und Morrison hingegen channelten Apollo *und* Dionysus gleichzeitig.

So muss es aber nicht sein. Viele großartige Künstler erreichen ein hohes Alter und bleiben bis zum Ende schöpferisch veranlagt. Aber wenn man nicht nur ein begnadeter, sondern ein gequälter Geist ist, interessieren sich die Menschen, so scheint es, mehr für die jeweiligen Probleme als für die Kunst. Das ist schon irgendwie traurig. Als ob wir eifersüchtig wären auf die Leute, die über eine spezielle kreative Begabung verfügen – und wenn sie dann ins Straucheln kommen, freuen wir uns darüber, dass sie den Preis für ihre besondere Veranlagung bezahlen müssen. Ich muss noch einmal Randy Newman bemühen: Die Luft ist sehr dünn da oben. Recht hat er!

Ich habe einige schwierige Beziehungen und auch mehrere Scheidungen hinter mir, aber ich habe keine dieser Liaisons je bereut. Sie nahmen ihren Verlauf und führten letztendlich zu sehr tiefgründigen Beziehungen mit wieder jemand anderem. Janis fand nie den richtigen Partner, der sie auf ihrer einzigartigen Reise als Mensch hätte begleiten und unterstützen können. Sie aber hinterließ uns ihre unglaublichen Songs, um uns Gesellschaft zu leisten. Die Aufnahmen ihrer erstaunlichen Sangeskünste vermitteln uns nämlich eine ganz besondere menschliche Wärme. Ich hoffe jedenfalls, dass Janis, egal, wo sie jetzt ist, unsere Liebe spüren kann und sich über die Dankbarkeit freut, die wir ob ihres Geschenks empfinden.

IX.

Ray Manzarek

Improvisation

Das Leben ist ein großes Improvisionstheater.

Über die Doors sind schon etliche Bücher veröffentlicht worden – darunter nicht nur eine, sondern gleich zwei Autobiografien von mir. Doch keine einzige konzentrierte sich vorrangig auf den bebrillten Magier namens Ray Manzarek, obwohl in Ray eigentlich gleich zwei Musiker steckten. Aber gehen wir zunächst einmal zurück an den Anfang.

Nachdem ich Ray 1965 in einem Maharishi-Meditationskurs kennengelernt hatte, begab ich mich zum Haus seiner Eltern in Manhattan Beach, um an einer Jam-Session teilzunehmen. Ich fuhr die Einfahrt hoch und hörte Rock'n'Roll, der aus der Garage zu mir drang. Ray trat aus dem Vorderhaus und spazierte den schmalen Weg zwischen diesen Strand-Cottages entlang. Er trug ein blaues, halb aufgeknöpftes Hemd, dessen Ärmel er hochgekrempelt hatte. Auch seine weiße Jeans hatte er hochgekrempelt. An den Füßen trug er Flip-Flops. In einem Knopfloch seines Hemdes hatte er ein Gänseblümchen platziert.

Ray lächelte freundlich, als er mir zeigte, wo ich parken könnte. Er wirkte auf jeden Fall entspannter als noch am Vorabend im Meditationskurs. Es hatte sich um die zweite Sitzung gehandelt und Ray beklagte sich, dass ihm die sofortige „Glückseligkeit", die ihm, wie er dachte, vom Kursleiter Jerry Jarvis versprochen worden war, verwehrt blieb.

Mir hingegen war klar, dass Meditation nicht so rasch Wirkung zeigte wie etwa LSD, weshalb ich gewillt war, es eine Zeitlang zu versuchen.

Ray und ich brachen das Eis, indem wir uns über unsere Liebe zum Jazz unterhielten. Ich erzählte ihm, dass ich all die Größen im Manne Hole in Hollywood gesehen hatte: Miles, Coltrane, Art Blakey, Cannonball Adderley, Bill Evans …

„Bill Evans!“, entfuhr es ihm. Ray war neidisch. „Sein Anschlag ist einfach genial“, schwärmte ich. „Yeah“, stimmte Ray zu: „Miles musste sich ja was anhören, weil er diesen ruhigen weißen Typen in seine Band aufgenommen hatte. Aber er wusste, wie gut er war.“

„Yeah, Mann! Miles lässt sich doch von niemandem etwas sagen! Kannst du sein Stück ‚All Blues‘ spielen?“, fragte ich ihn.

„Lass es uns spielen!“, antwortete Ray enthusiastisch.

Nun ging es ans Eingemachte. Die Nummer ist im 3/4-Takt gehalten – wie ein Walzer. Das ist immer ein guter Test, ob ein Musiker in der Lage ist, zu „swingen“. Ray und ich fanden sofort zueinander. Das fühlte sich gut an. Ein wichtiger Faktor beim Jazz ist die Improvisation. Das zwingt einen dazu, im Augenblick zu bleiben, weil man ja nie weiß, was als nächstes passieren wird. Es eröffnen sich aber auch viele Freiheiten und Freiräume, wenn man rund um die Akkordwechsel herum improvisieren kann. Wenn man im Jazz improvisiert oder im Rock ein Gitarrensolo spielt, ist es nicht die Geschwindigkeit, die für die Kreativität die wichtigste Rolle spielt. Zum Glück. Vielmehr geht es um die Balance zwischen Sound und Freiraum, zwischen Gefühl und Virtuosität. Es geht um das Ein- und Ausatmen. Manchmal macht es Spaß, zu demonstrieren, wie schnell man spielen kann, aber wenn sich alles organisch entwickelt, ist das viel cooler. Das ist wie mit dem Menschsein: Manchmal müssen wir rennen und manchmal dürfen wir uns zurücklehnen.

Man kann in all den Büchern über die Doors nachlesen, was sich nach unserer Jam-Session zugetragen hat. Extrem wichtig ist nur, dass Ray der Allererste war, dem die Magie Jim Morrisons auffiel. Sogar einige seiner Studienkollegen an der UCLA, wo er Film studierte, beklagten sich darüber, dass er mit Jim abhing. Jim war ihnen zu durchgeknallt. Der erste Songtext, den Ray mir zeigte, war – und vermutlich steckte Absicht dahinter – „Break on Through (to the Other Side)“. Er hatte sich sogleich angesprochen gefühlt von Jims Connection zur Welt hinter der unseren – oder um noch einmal Michael Meade zu bemühen, zur Welt, „der diese Welt entstammt“. Mir ging es auch nicht anders als Ray.

Ein weiterer überaus wichtiger musikalischer Moment ereignete sich einen Monat später. Wir hatten schon ein paar Bassisten vorspielen lassen, aber vergeblich. Ray sagte nun, dass er einen elektrischen Keyboard-Bass von Fender gesehen hätte, den er gern ausprobieren würde. Ich begleitete ihn zu Wallichs Music City in Hollywood. Nachdem wir geparkt hatten, kamen wir an einem Schaufenster mit Musikinstrumenten vorbei. Da stand das gute Stück auf einem Ständer montiert. Das Instrument schien mit seinen insgesamt 24 Tasten mehrere Oktaven zu umfassen. Die Oberseite war silbern verchromt.

„Lass uns die Plattenabteilung rasch durchqueren“, schlug ich vor, „denn wenn wir anfangen, nach Platten zu stöbern, schaffen wir es vermutlich gar nicht mehr zu den Instrumenten.“

Ray verstand, wie ich das meinte. Jahre zuvor hatte ich schon einmal stundenlang in einer der Hörkabinen festgesteckt. Was für ein toller Laden! Da durfte man sich tatsächlich etwas anhören, noch bevor man es käuflich erstanden hatte. Music City, gegründet von Glenn Wallichs und dem Liedermacher Johnny Mercer, galt als Mekka für alle südkalifornischen Musiksüchtigen.

Ray fragte, ob er den Keyboard-Bass ausprobieren dürfe. Ein Verkäufer stöpselte das Instrument für ihn in einen Verstärker. Ray legte mit einer dieser sich wiederholenden Notenfolgen los, mit denen er im Kontext unserer neuen Songs experimentierte. „Ich überlege mir, ob ich das mit meiner linken Hand spielen soll, während ich die Orgel mit der rechten spiele.“

„Hört sich so an, als hätte es genug Punch“, sagte ich. Wir wollten nicht, dass der Bass zu breiig klang. Diese Gefahr bestand, wenn wir auf einen Bassisten, der in die Saiten greift, verzichten würden. (Das war noch vor der Zeit der Synthesizer und Computer, mit deren Hilfe man jedes erdenkliche Geräusch duplizieren kann.) Der Keyboard-Bass kostete ein paar hundert Dollar. Das war ganz schön viel Kohle damals. Dennoch griffen wir zu. Das war ein entscheidender Augenblick in der Entwicklung unseres Sounds. So war Ray gezwungen, mit seiner rechten Hand die Tasten eher spärlich zum Einsatz zu bringen und außerdem die Bassläufe, die er mit seiner linken Hand spielte, einfach zu gestalten.

Bei den Proben konzentrierte ich mich von nun an darauf, einen Draht zu Rays linker Hand herzustellen. Bassisten und Schlagzeuger sind wie Geschwister, die gemeinsam im Keller sitzen und sich bemühen, einen Groove zusammenzubrauen. Wenn es ihnen nicht gelingt, sich auf ein Feeling zu einigen, ist die Gruppe als Ganzes zum Scheitern verurteilt. Eine Band kann mit einem brillanten Gespann an den Drums und am Bass trotz eines miesen Gitarristen überleben. Aber wenn die Rhythmussektion lausig ist, kannst du eine Band vergessen – egal, wie gut der Gitarrist ist.

Einem Schlagzeuger kann ein einzelner Beat extrem lang erscheinen. Lasst mich kurz aus meinen zweiten Memoiren – *The Doors: Unhinged* – zitieren:

> Der Raum zwischen einem Beat und dem nächsten ist von enormer Wichtigkeit, da dieser Raum das Feeling der gesamten Komposition impliziert. Wenn man den Beat vorzieht, wie etwa bei Militärmusik, irischen Stücken oder Polka […], vermittelt das eher einen kontrollierten Eindruck. Ich habe diesen Stil seinerzeit gespielt, als ich bei Bar Mitzwas auftrat. Wenn man die Betonung eher nach hinten verschiebt, also bis zum allerletzten Augenblick wartet, wirkt das eher entspannt – wie im Blues und R&B oder bei Balladen. Das hatte ich gelernt, als ich jahrelang in Bars aufgetreten war. Als es mit den Doors losging, coverten wir viele Blues-Nummern, bis wir genug eigenes Material beisammenhatten. Somit fußte unser Sound ursprünglich auf einem eher entspannten Feeling. Wenn man bis zur allerletzten Millisekunde mit dem zweiten Beat wartet, spielt man den Blues …

So lässt man so viel Raum wie möglich und erlaubt der „traurigen“ Stimmung, sich auszubreiten. Unsere eigenen Songs und Jims perkussive Texte pushten den Impuls ein wenig nach vorne. Zum Glück bewegten Ray und ich uns auf derselben Wellenlänge, als wir die Musik zu seinen Songtexten schrieben.

Um auf den Punkt zu kommen: Wenn wir beide uns nicht auf einen gemeinsamen Ansatz hätten einigen können, hätte es die Doors nicht gegeben. Das soll jetzt nicht nach Selbstlob klingen. Ich will damit nur betonen, dass die Rhythmussektion das Fundament eines jeden Ensembles ist, ganz egal, ob es sich dabei um ein Quartett oder ein 40-köpfiges Orchester handelt. Ohne ein starkes Fundament wirkt jedes Bauwerk marode.

Es stellte sich heraus, dass Robby die Hausmauern hochziehen und Jim sich, quasi als Dach, auf der Konstruktion niederlassen konnte, wenn Ray und ich das Fundament dafür gelegt hatten. Robbys „Hausmauern“ waren übrigens hervorragend, da er ein so begnadeter Songwriter war. Wenn der gegenseitige Respekt im Vordergrund steht, wird die Struktur über die nötige Balance und Solidität verfügen. Deshalb empfinde ich die Kombination aus Rays linker Hand und meinem Schlagzeugspiel als segensreiches Geschenk der Muse.

Aber wie gelang es Ray, sein Gehirn in zwei Hälften zu spalten? Er musste ja simultan einen sich wiederholenden Bassrhythmus mit seiner linken Hand spielen und Jims Gesang mit Akkordwechseln der rechten Hand unterstützen. Um das zu bewerkstelligen, so sagte er, erinnerte er sich an die Boogie-Woogie-Bassläufe, die er als Junge in Chicago gelernt hatte. Als ob das noch nicht gereicht hätte, ließ er sich noch ein paar der denkwürdigsten Keyboard-Hooks in der Geschichte der Popmusik einfallen.

Man denke nur an das Intro zu „Light My Fire“! Ein Quintenzirkel, in einem barocken, an Bach erinnernden Stil gespielt. Dieser Keyboard-Part ist unauslöschlich in aller Gehirn eingebrannt. Wie könnte man ihn je wieder vergessen?

Oder der mysteriöse Sound bei „Riders on the Storm“, der Jims ominösen Text zu tragen scheint. Es handelte sich dabei um ein unfassbares, ausschweifendes Klaviersolo, bei dem ich mit ihm den vollen Umfang menschlicher Emotionen erkunden durfte. Von pianissimo bis fortissimo – und alles, was sich dazwischen abspielte. Auch dieses Solo von Ray werden wir für immer im Kopf behalten.

Von manchen Musikern muss man nur ein paar Takte hören, um zu wissen, um wen es sich handelt: Elvin Jones, Ravi Shankar, Janis Joplin, Bob Marley, Van und Jim Morrison ... Praktisch jedes Kapitel dieses Buches beschäftigt sich mit Künstlern, deren Schaffen einen äußerst hohen Wiederkennungswert aufweist. Man braucht etwa nur ein paar Zeilen von Joseph Campbell zu lesen, um zu wissen, dass er hinter einem Text steckt. Und Rays Hand in Kombination mit einer Vox-Orgel erkennt man auch innerhalb von drei Sekunden.

Vielleicht liegt es ja an meiner Trauer ob Rays Tod – mein Freund, der gleichzeitig eine Vaterfigur war, ist bereits auf die andere Seite gewechselt –, aber ich bemühe mich, heute eine noch bessere Beziehung zu meinem alten Keyboarder zu haben, als das früher der Fall war. Auch hinsichtlich meiner leider verstorbenen Mutter witzle ich mitunter, was das angeht, doch vielleicht ist es auch mehr als bloß ein Scherz. Durch den Abschied eines wichtigen Menschen kann sich in einem ein sogar noch größerer Freiraum für ebendiese Person auftun. Tatsächlich denke ich nun öfter an meine Mutter oder Ray, weil ich weiß, dass ich sie nicht mehr auf unserer materiellen Ebene erreichen kann. So wie auch der Maharishi vor seinem Tod gesagt hat: „Ich werde immer überall erreichbar sein!“

Wann immer ich etwa in einem französischen Restaurant esse, halte ich meine Gabel, wie es die Europäer zu tun pflegen – dann muss ich sofort an Ray denken. Er und seine Frau Dorothy aßen nämlich immer so. Als 20-Jähriger war ich angesichts eines solch kultivierten Auftretens ein wenig eingeschüchtert, denn ich fühlte mich mit meinen weniger feinen Manieren schlichtweg unbeholfen.

Mein Selbstwertgefühl erfuhr jedoch einen beträchtlichen Schub, als wir durch Frankreich tourten. Denn während ich mit meinem ungelenken Schul-Französisch über die Runden kam, mussten sich Ray und Dorothy in Schweigsamkeit üben. Als ich noch jung war, bemühte ich mich, dem so gebildeten Tasten-Guru unserer Band nachzueifern. Daran arbeite ich sogar heute noch! Schon damals war Ray außerordentlich belesen – und ich schließe erst jetzt langsam auf. Eigentlich ist er selbst heute noch mein Lehrmeister. Vielleicht sogar mehr als je zuvor. Ich hatte erst unlängst mit ein paar medizinischen Problemen in der Magengegend zu kämpfen. Ein Blinddarmdurchbruch machte mir zu schaffen. Das war dieselbe Körperregion, die Ray zum Verhängnis geworden war. Mein Mitgefühl für ihn hat sich verdoppelt, seitdem mir meine eigene Erfahrung vor Augen geführt hat, was er durchgemacht haben muss.

Okay, ich bin mir sicher, dass einige Leser sich nun denken: Ist ja ganz nett, dass John mit den Toten spricht, aber lasst uns mal halblang machen – auf keinen Fall kann man noch mit jemanden kommunizieren, der ‚zur anderen Seite durchgebrochen ist'!

Ja, ja: *Break on Through to the Other Side* ...

Ich kann dazu nur sagen, dass sich hinter dieser Vorstellung, irgendwann mit Ray in einer himmlischen Combo spielen zu dürfen, mehr als bloß Balsam für die Seele verbirgt. Musiker meinen es ernst, wenn sie davon sprechen, dass ihre verblichenen Kollegen nun in Gottes Orchester gemeinsam musizieren. Zwischen uns besteht nämlich eine sehr tiefschürfende Verbindung. Um einen genauen Einblick in Rays metaphysische Seite zu gewinnen, muss man sich nur sein herrliches Soloalbum *Golden Scarab* zu Gemüte führen.

„Die Vorstellung, dass die Seele ekstatische Zustände erreicht, nur weil der Körper vermodert, ist nichts als ein Hirngespinst. Was du jetzt vorfindest, wirst du auch dann vorfinden. Wenn du im Jetzt nichts vorfindest, wirst du einfach in einer Wohnung in der Stadt der Toten enden. Wenn du dich aber jetzt voller Liebe mit dem Göttlichen vereinigst, wird dein Gesicht im nächsten Leben den Ausdruck gestillten Verlangens tragen", so der indische Poet und Mystiker Kabir.

Oder wie George Harrison es in Bezug auf seine Beziehung mit John Lennon ausdrückte: „Wir waren füreinander mehr als bloß

Körper. Wenn man nicht in der Lage wäre, den Geist eines Freundes zu spüren, der einem so nahegestanden hat, wie sollte man dann den Geist eines Christus oder eines Buddhas oder irgendeines anderen, für den man sich vielleicht interessiert, spüren können?“ Also oute ich mich nun hier an dieser Stelle und gestehe, dass ich seit seinem Ableben einige Gespräche mit George geführt habe – und ich werde mich auch weiterhin mit Ray unterhalten. Mit Jim spreche ich auch andauernd.

Ich mache mir schon langsam Sorgen, dass ich mich wie meine fromme katholische Mutter anhöre, die all ihre Freunde im Himmel wiedersehen würde, wie sie meinte. Ich nehme solche Dinge nicht ganz so wortwörtlich. Hingegen spüre ich, dass der Geist, wenn der Körper stirbt, weiterlebt, aber in welcher Form sich diese Energie manifestiert, weiß ich wirklich nicht. Das ist auch für mich ein Rätsel. Ein großes Mysterium. Deshalb sage ich, wenn man mich fragt, ob ich an Gott glaube, dass ich an das Mysterium glaube. Mit einem großen „M“ am Wortanfang.

Vielleicht besaß Ray ja aus demselben Grund ein riesiges Art-Deco-Plakat mit einem großen „M“ darauf. Natürlich stand in seinem Fall der Buchstabe für Manzarek, was auf ein großes Ego hindeutet. Als ich Ray in meiner ersten Autobiografie vorwarf, den Ausverkauf der Doors zu stark voranzutreiben, zahlte er es mir heim, indem er in seinem eigenen Buch schrieb, Jim hätte mich „als Person“ gehasst. Es ist absolut möglich, dass Jim das gesagt hat, wahrscheinlich als er auf LSD war. Vielleicht weil ich nicht so viel Drogen konsumierte wie er. Aber Jim und ich sind mittlerweile im Reinen miteinander. Ich habe über fünf Jahre meines Lebens geopfert, um Jim Vermächtnis mittels eines brutalen Rechtsstreits zu schützen. Es ist schon amüsant (oder auch prophetisch), wie ich mich in *Mein Leben* direkt an Jim wandte. Ich schrieb ihm nämlich einen fortlaufenden Brief in der ersten Person, als ob er mich hören könnte. Mittlerweile spüre ich diese liebevolle Energie nicht nur in Bezug auf Jim, sondern auch hinsichtlich Ray.

Gegen Ende unserer Karriere tat sich eine philosophische Kluft zwischen Ray und mir auf. In *The Doors: Unhinged* kann man mehr darüber lesen. Hier reicht es zu erwähnen, dass ich sehr wütend auf ihn war. Ich ging davon aus, es würde mehrere Inkarnationen dauern, bis ich ihm vergeben könnte. *Unhinged* zu schreiben, linderte meinen Zorn. Wie ich es im letzten Kapitel formulierte: Wie könnte ich Ray denn nicht lieben? Immerhin hatten wir zusammen in jener Garage vor so vielen Jahren etwas Magisches erschaffen. Ich schickte Ray und Robby dieses letzte Kapitel, noch bevor das Buch erschien, nur um sicherzustellen, dass sie diesen Abschnitt auch zu lesen bekämen. Denn die erste Hälfte des Buches ging schließlich ziemlich hart mit ihnen ins Gericht.

Selbst inmitten aller weltanschaulicher und persönlicher Querelen verloren wir zwei nie den beinahe telepathischen Draht zueinander, der uns auch auf musikalischer Ebene auszeichnete. Ray verstand die Avantgarde und er verstand düstere Themen. So wenig wie mich, störte es auch ihn nicht, sich abseits traditioneller rhythmischer Strukturen und Akkordfolgen zu versuchen. Allerdings wusste er auch, dass man irgendwann wieder auf gewohntes Terrain zurückkehren sollte, weil man ansonsten den Kosmos verlassen und sein Publikum im Stich lassen würde.

Die große Aufgabe besteht darin, den richtigen Zeitpunkt für die Rückkehr zu eruieren. Dafür muss man sich ausschließlich auf seine Intuition verlassen. Der Astrophysiker Neil deGrasse Tyson sagte, dass die Erde nicht nur um die Sonne rotiert, sondern dass sie auch der Gravitation der anderen Planeten in unserem Solarsystem ausgesetzt ist. In einem musikalischen Ensemble verhält sich das ähnlich. Die Rhythmussektion – also Rays linke Hand und ich – schwingen auf einer tieferen Frequenz, die die tonangebenden Musiker unterstützt. All die himmlischen Körper in unserer näheren kosmischen Umgebung schieben und ziehen aneinander, wohingegen die Sonne den Leadgesang übernimmt.

Balance steht über allem. Wenn die Polarkappen schmelzen oder der Gitarrist zu laut spielt, dann gerät das Leben aus dem Gleichgewicht (Koyaanisqatsi). Deshalb hören die richtig guten Musiker auch *ganz bewusst* auf ihre Mitspieler und stellen ihre Egos hintenan. Wenn ein Musiker über die Maßen selbstverliebt agiert und sich, sobald er im Mittelpunkt steht, als Star aufspielt, müssen sich die ihn umgebenden Planeten nach ihm ausrichten. Aber manchmal katapultiert sich der Star selbst aus der Umlaufbahn und nichts kann ihn mehr zurückholen.

Ray und ich lagen musikalisch absolut auf einer Wellenlänge. Unser jeweiliger Background, den wir in unsere Partnerschaft einfließen ließen, befeuerte unser einmaliges Feeling und unseren Sound. Dank meinem Schlagzeugspiel und Rays linker Hand als Fundament konnte Robby mit seiner flüssig gespielten Gitarre den Sound vervollkommnen. Das daraus resultierende Gericht ergab einen köstlichen Eintopf, von dem Jim ganz offensichtlich nicht genug bekommen konnte. Das meine ich nicht arrogant. Man muss nur einmal darüber nachdenken: Hier stand ein Typ, der noch nie zuvor gesungen hatte und nun, nachdem er seine Schüchternheit überwunden hatte, mit voller Inbrunst loslegte. Er befand sich in der himmlischen Position, sich auf einem musikalischen Bett breitzumachen, das wir für ihn zurechtgemacht hatten. Ohne Manzarek hätte unser Quartett aber wie ein dreibeiniger Hund geklungen.

Als ich hörte, dass Ray schwer erkrankt war, rief ich ihn an. Unsere Beziehung hatte einige Krisen durchlebt, weshalb ich mich freute, als er abhob. Wir unterhielten uns über seinen Kampf gegen den Krebs. Ich sagte ihm, er sollte seiner Frau Dorothy Grüße ausrichten. Damals wusste ich nicht, dass es unser letztes Gespräch sein würde. Ich bin ja so dankbar, noch eine abschließende Unterhaltung mit ihm geführt zu haben.

Auch werde ich diesen bemerkenswerten wie begabten Musiker für immer vermissen. Als ich von Rays Ableben erfuhr, rief ich Robby an. Der Tod überwindet alle Hindernisse. Ich schlug vor, uns zusammenzusetzen. Wir haben erst unlängst ein paar Doors-Songs im Rahmen einer Filmvorführung im Los Angeles County Art Museum zum Besten gegeben. Das fühlte sich so gut an! Nach nur ein paar Takten fühlten wir uns wieder in jener Garage in Venice, Kalifornien. Musik verfügt über heilende Kräfte.

X.

Van Morrison

Im Flow

Im Sog, zwischen den Viadukten deiner Träume …

An jenem Abend, als die Doors unfreiwillig von ihrem ersten Club-Engagement entbunden wurden, befand sich Ronnie Haran, die Bookerin des berühmten Whisky a Go-Go, im Publikum und bot uns die Position der Hausband an. Der London Fog Club hatte uns gefeuert, nicht etwa, weil Jim an diesem Abend benebelt war, was ja mitunter vorkam. Es war vielmehr eine Prügelei ausgebrochen und man schob uns die Schuld dafür in die Schuhe. Zum Glück verfügte Ronnie aber über ein gutes Gehör und wusste, dass wir noch einiges erreichen würden. Außerdem entführte sie den attraktiven Leadsänger unserer Gruppe in ihr Schlafzimmer. Aber das ist eine andere Geschichte.

Unser erstes Set im Whisky sollte jeweils um 21 Uhr anfangen. Da war aber noch niemand im Club. Als nächstes war die Hauptattraktion des Abends am Start. Danach spielten wir unser zweites Set. Zum Abschluss ging dann der Headliner noch ein zweites Mal auf die Bühne. In den ersten Wochen waren wir ziemlich nervös. Was eine eine vernichtende Kritik von Pete Johnson in der *LA Times* zur Folge hatte. Die Rezension war so niederschmetternd, dass ich mutmaßte, sie könnte vielleicht schon wieder das Gegenteil bewirken. Immerhin las sich die Besprechung so, als ob es durchaus interessant wäre, ein Konzert von uns zu besuchen. Nachdem wir uns immer mehr zurechtfanden, ließen wir sämtliche Hemmungen fallen und versuchten jeden Abend, die berühmten Headliner in den Schatten zu stellen, darunter Acts wie die Rascals, Paul Butterfield, die Turtles, die Seeds, Frank Zappa and the Mothers of Invention, die Animals, die Beau Brummels, Buffalo Springfield und Captain Beefheart. Alle bekamen sie es mit uns zu tun! Selbstverständlich bewunderten und liebten wir all diese kreativen Musiker, aber wir waren ja selbst auch nicht von schlechten Eltern.

Wir erspielten uns eine Fanbasis, die aus Freaks bestand, welche gern ungezwungen tanzten und schon zu unserem ersten Set des Abends aufkreuzten. Der fantastische Clubbetreiber und Konzertveranstalter Elmer Valentine ließ klugerweise die Go-Go-Tanzkäfige entfernen. Er spürte, dass die Hippie-Bewegung vor der Tür stand. Hier regierten fortan wir! Nachdem wir einige unserer Songs zum Besten gegeben hatten, war kein Applaus zu hören. Stattdessen erfüllte Stille den Raum.

Die meisten Leute fürchten sich vor Stille. Nicht wir. Der Astrophysiker Tyson sagt, dass dunkle Materie genauso wichtig sei wie Materie. Vielleicht ist sie sogar noch wichtiger. Ganz ähnlich verhält es sich mit dem Freiraum, den ein Musiker zwischen den einzelnen Noten kreiert und der wiederum der Musik ihr menschliches Element verleiht. Als vor vielen Jahren Drumcomputer auf der Bildfläche erschienen, waren sie mit einer „Humanizer-Funktion" ausgestattet, mit der man den Beat verlangsamen oder beschleunigen konnte – um die Sache „menschlicher" zu machen! Ich nehme an, die menschliche Fehlbarkeit ist somit eine gute Sache. Zumindest ruft sie Mitgefühl hervor. Offenbar wohnt der „Dunkelheit", in der die Stille den Sound verschluckt, etwas für Menschen sehr Unheimliches und gleichzeitig Anziehendes inne. Völlige Leere. Das Nichts. Es fiel manchen Acts schwer, nach uns auf die Bühne zu gehen, weil immer noch diese ominöse Reststrahlung unserer Show in der Luft zu hängen schien.

Wir hörten, dass Elmer Them gebucht hatte, eine irische Gruppe, deren Sänger Van Morrison die Songs „Gloria" und „Mystic Eyes" geschrieben und „Baby, Please Don't Go" gelungen adaptiert hatte.

Wir waren jedenfalls ganz aufgeregt. Als das Konzert näher rückte, beschlossen wir, auf unsere Coverversion von „Gloria" zu verzichten. Eine weise Entscheidung. Es wäre nicht cool gewesen, dem Urheber der Nummer auf diese Weise auf die Zehen zu steigen.

Am ersten Abend des Gastspiels der „Boys from Belfast" lieferten die Doors ein eher nervöses erstes Set ab. In der Pause zog ich mich an meinen üblichen Platz auf der Treppe zum oberen Rang zurück. Mein erstes Buch *Mein Leben mit Jim Morrison und den Doors* beschreibt die Szenerie:

> Them stürmten auf die Bühne. Sie fetzten einen Song nach dem anderen durch, ohne eine Pause. Van war betrunken und warf mit voller Gewalt den Mikroständer auf die Bretter. Als er seinen Unterkiefer herunterklappte, die Zunge herausstreckte und einen jener wütenden Schreie ausstieß, kräuselte sich meine Haut durch irgendetwas Irisches in mir zu einer Gänsehaut. Urangst.

Es verwirrte mich, dass dieser Sänger gleichzeitig so talentiert und unsicher sein konnte. Ronnie chauffierte Van und mich sowie noch ein paar andere Leute um 2 Uhr zu einer kleinen Feier zu sich nachhause. Die meisten von uns unterhielten sich dort angeregt, nur Van blickte finster drein. Dann schnappte er sich plötzlich Ronnies Klampfe und sang lauthals darüber, sich auf dieser Welt fremd zu fühlen. Er wollte lieber reinkarniert werden – in einer anderen Zeit, mit einem anderen Gesicht. Letztlich sollte dieser Text auf dem transzendental angehauchten Album *Astral Weeks* wieder auftauchen. Meine erste Autobiografie gibt Auskunft darüber, was sich als Nächstes ereignete:

> Es war, als wenn er keinen Party-Smalltalk reden könne, so brachen seine Lieder aus ihm heraus. Wir waren fasziniert. Es schien nicht angebracht, ihn nun mit Komplimenten zu überschütten, da seine Musik aus tiefster Seele kam. Darum herrschte nach dem Ende seines Vortrags fast eine Minute völlige Stille. Eine heilige Stille.

Mir war die Stille zwischen den Tönen selbst schon damals, in den Sixties, irgendwie bewusst. Allerdings hatte ich die Bedeutung sowohl von Stille als auch von Klang für die Musik noch nicht ganz begriffen. Ich verfügte lediglich über ein intuitives Verständnis davon. Als wir nun während dieser magischen Woche die irischen Jungs von Them näher kennenlernten, nahmen die Doors „Gloria" wieder in ihre Setlist auf. Am letzten Abend, bevor Van und seine Gruppe wieder auf die Grüne Insel zurückkehrten, fanden wir uns alle gemeinsam auf der Bühne ein, um „Gloria" zusammen zu spielen. Zwei Schlagzeuger, zwei Keyboarder ... alles doppelt eben!

Sogar zwei Morrisons.

Nach ungefähr 20 Minuten brachten wir „Gloria" zu Ende und beschlossen einen glorreichen Abend. Van sollte noch viele, viele wichtige Songs schreiben: etwa „Brown Eyed Girl", „Crazy Love" und „Moondance", um nur ein paar zu nennen. Mit „Into the Mystic" schien er eine spirituell orientierte Richtung einzuschlagen, die schließlich im hypnotischen *Astral Weeks* kulminieren sollte. Mithilfe von Jazzmusikern und ohne Proben im Vorfeld der Aufnahmesessions, erschuf er mit *Astral Weeks* einen impressionistischen Bewusstseinsstrom. Bis heute gilt dieses Album als Geheimfavorit vieler Fans, obwohl es sich seinerzeit nur mäßig verkaufte. Es dauerte 33 Jahre, bis es 2001 endlich zu einer Goldenen Schallplatte reichte. Ich habe *Astral Weeks* immer schon zu meinen persönlichen Lieblingsplatten gezählt – und da stehe ich auch ganz sicher nicht allein da, wenn man berücksichtigt, in wie vielen Auflistungen der „besten Alben aller Zeiten" diese Scheibe vorkommt.

Am 6. November 2008 erhielt ich einen Anruf von „Vans Leuten". Sie wollten wissen, ob ich Lust hätte, „Gloria" mit ihm und seiner Band in der Hollywood Bowl zu spielen. „Van the Man" wollte ein paar seiner alten Gassenhauer im ersten Teil der Show spielen, bevor er nach der Pause sein brillantes Album *Astral Weeks* auf die Bühne bringen wollte. Natürlich wollte ich! Immerhin hatte ich ja schon einmal „Gloria" mit ihm gespielt. Damals, 1966, im Whisky.

Ich begab mich zur nachmittäglichen Probe für „Gloria“ zur Bowl. Auf der Bühne befanden sich etwa 15 Musiker – eine ungewöhnliche Menschenansammlung. Ich nahm an, dass Van für die zweite Hälfte der Show zusätzliche Musiker benötigte, Streicher und Konsorten, um den Sound von *Astral Weeks* zu replizieren. Bobby Ruggiero signalisierte mir, mich auf seinen Schlagzeughocker zu setzen. Ich nahm also Platz und blickte auf die tausenden leeren Sitzplätze. Da ich bereits zwei Mal in dieser Konzertlocation aufgetreten war, fühlte ich mich auf dem Schlagzeugpodium wohl und freute mich schon auf den bevorstehenden Abend. Ich unterzog jede Trommel einer kurzen Prüfung. Alles ging mir leicht von der Hand, was mich sehr beruhigte. Bei Drumsets fühlen sich die verschiedenen Winkel für jeden Musiker unterschiedlich an. Auf dem eigenen Schlagzeug zu spielen, ist dagegen, als würde man einen eingetragenen Handschuh überstreifen.

Von Van fehlte noch jede Spur. Allerdings sollte nun die Probe beginnen. Wir stiegen in den Song ein und der Hintergrundchor übernahm inzwischen Vans Gesangsparts. Der Groove durchfuhr dieses große Ensemble bei diesem Song, den ich selbst sehr gut kannte. Als ich für mich typische Licks einstreute, drehten sich die Musiker zu mir um und lächelten mir zu. Dann hielten sie inne und es hieß: „Vielleicht sollten wir eine Passage im Stil von Bo Diddley im Mittelteil spielen.“

„Okay“, antwortete ich. „Das sollte ich aber vorab wissen.“

„Nun, das muss Van entscheiden“, hieß es wiederum.

„Wo steckt er denn?“

„In der Garderobe.“

„Na gut, aber warum fragt ihr ihn dann nicht?“

Es folgte eine markante Pause. Ich konnte spüren, wie die Anspannung unter den Musiker anstieg. Niemand machte sich auf den Weg, um Van nach dem Arrangement zu fragen. Das bereitete mir Unbehagen, da die Möglichkeit bestand, Mist zu bauen, wenn ich nicht wusste, wie sie die Passage anlegen wollten. Das wäre für alle Beteiligten peinlich. Ich hatte schon viele Horrorgeschichten über Van gehört. So soll er einen seiner Roadies angeschrien haben, weil dieser ihm einen Wein des falschen Jahrgangs gebracht hatte. Allerdings kannte ich den Typen schon ewig, weshalb ich mich davon nicht abschrecken lassen wollte.

„Okay, okay! Ich frage ihn!", sagte ich und erhob mich von meinem Hocker. Die Musiker sahen mich verblüfft an, als ich mich zu den Garderoben bewegte. Sie schienen tatsächlich Angst vor ihrem Leadsänger zu haben. Ich legte mein Ohr an die Türe seiner Garderobe und konnte hören, wie Van telefonierte. Ich klopfte. Keine Antwort. Dann schlug ich fester gegen die Tür.

„Ja, was ist los?"

„Van, ich bin es, John Densmore. Möchtest du bei ‚Gloria' die Mittelpassage im Bo-Diddley-Stil spielen?"

„Was immer du willst", lautete seine Antwort, bevor er sich wieder seinem Telefonat zuwendete.

Wir beendeten die Probe und ich fuhr nachhause. Als ich am Abend mit meiner Freundin Ildiko zurückkehrte, begaben wir uns direkt in den Backstage-Bereich, da Van schon auf der Bühne stand. Sein Manager erklärte mir, dass „Gloria" als Zugabe vor der Unterbrechung vorgesehen wäre. Ich würde mit Van auf die Bühne hinausgehen, wo er mich vorstellen sollte. Dann würden wir den Song spielen. Eigentlich ganz einfach.

Ildiko und ich hörten uns einige Songs von der Seite der Bühne aus an. Sie klangen gut, obwohl man aus der Nähe sehen konnte, dass Van verspannt war. Etwas an ihm wirkte immer, als wäre er besonders kribbelig. Sie spielten den letzten Song zu Ende und Van the Man verließ die Bühne auf der rechten Seite. Später sagte Ildiko, dass sie Vans nervöse Energie hatte spüren können. Ich stand neben ihm, während wir auf unseren Einsatz warteten. Er erkundigte sich nach Ray und Robby, was sehr nett war. Das erinnerte mich daran, wie er sich, ein paar Monate nach dem Engagement im Whisky, sicüber Jim erkundigt hatte, als er zu Besuch in der Stadt weilte: „Wie geht's ihm denn so?" Zwei Morrisons, die Interesse am Leben des jeweils anderen zeigten.

Wir gingen zusammen auf diese großartige Bühne in der Hollywood Bowl hinaus, aber ich konnte sehen, dass Van den Applaus nicht genießen konnte. Irgendetwas quälte ihn. Dann quälte er wiederum mich, was er aber wohl nicht absichtlich tat. In seinem beschäftigten Zustand vergaß er, mich anzukündigen. Die Band wartete auf ihren Einsatz, aber er kam nicht. Die unbeholfene Stille musste durchbrochen werden. So begann der Gitarrist mit den Anfangsakkorden von „Gloria". Nach ein paar Takten stieg die Band ein.

Ich stand nun da, vor 10.000 Konzertbesuchern, und wunderte mich, was ich tun sollte. Unter dem Podium, auf dem der Hintergrundchor positioniert war, erspähte ich ein Tamburin. Ich schnappte es mir und legte los, als ob das von Anfang an der Plan gewesen wäre. Wahrscheinlich muss ich nicht betonen, dass ich nicht happy war! In diesem Moment war es mir scheißegal, wie begnadet Van war. Dies war eine Demütigung. Im Publikum fiel niemandem auf, dass irgendetwas nicht stimmte, aber meine Wenigkeit fühlte sich echt unbeholfen und beklommen, während ich mich langsam in Richtung Bobby, der noch hinterm Schlagzeug saß, vorarbeitete. Wir versuchten, einen Weg zu finden, wie wir einen fliegenden Wechsel vornehmen könnten. Ich müsste mir seine Sticks greifen und mich hinsetzen, ohne dabei auch nur einen Beat auszulassen. Ein Ding der Unmöglichkeit! Wenn wir es versuchen würden, müssten wir den Beat definitiv für ein paar Takte unterbrechen. Das würde Van the Man ganz sicher in seinem „Flow" stören. Dann hätte er sich herumgedreht und das Gesicht verzogen, obwohl er selbst derjenige war, der diese Probleme ausgelöst hatte.

Also spielte ich einfach weiter das Tamburin mit einem falschen Lächeln im Gesicht. Zum Schluss verließen wir alle die Bühne, während das Publikum vor Begeisterung tobte. Van schien sogleich verschwunden zu sein. Sein Manager kam zu mir und entschuldigte sich ausführlich. Keiner schien sich nach Van umzuschauen, um seine Sicht der Dinge zu erfragen. Oder ihn gar aufzufordern, sich bei mir zu entschuldigen.

Ildiko umarmte mich fest, als ich zu ihr in unsere Loge stieß, um die zweite Konzerthälfte zu verfolgen. Nur sie und der Doors-Manager Jeff Jampool verstanden, was ich erlitten hatte. Nach ein paar Songs von einem meiner absoluten Lieblingsalben, *Astral Weeks*, brachen wir auf. Die Darbietung war in Ordnung, aber der Vibe, um den nur Jeff und ich sowie unsere Freundinnen wussten, hatte uns die Lust auf Van Morrison verdorben. Deshalb verwende ich von nun an auch immer ein kleines „m", wenn ich von ihm schreibe: Van the man. Außerdem lautet der englische originale Untertitel dieses Buches nicht ohne Grund *Meetings with Remarkable Musicians* und nicht *Meetings with Remarkable Men*. Van hat es verbockt! Ich hätte ihm gern vor 10.000 Menschen ein Kompliment gemacht, aber er hatte vergessen, mich ihnen vorzustellen. Also musste er auf sein Kompliment verzichten. Ich hätte nämlich gesagt: „Es ist mir eine riesengroße Ehre, noch einmal mit einem Morrison zu spielen."

Ich benötigte etwa ein Jahr, um zu verwinden, was da passiert war. Das Fehlverhalten einer bestimmten Person kann dazu beitragen, dass man dessen Schaffen nicht mehr ganz so wertzuschätzen weiß. Jedes Mal, wenn einer von Vans Songs im Radio lief, musste ich schnell den Sender wechseln. Mit der Zeit wuchs meine Bewunderung für seine Begabung wieder. Ganz schleichend. „Into the Mystic" gab letztendlich den Ausschlag. Ich kann der spirituell so brillanten Musik dieses Mannes einfach nicht widerstehen.

Wenn Van Morrison singt „We were born before the wind / Also younger than the sun", dann meint er damit den „Flow". Trotz all seiner Phobien gelingt es ihm in der Regel, sich in den akustischen Jetstream einzuklinken, der unseren Planeten umringt. Van hat dieses Feeling in Interviews beschrieben: „Man muss sich dem Flow hingeben und die freiwerdende Energie für sich nutzen."

Jay-Z sagte, dass er in den Flow eintritt, sobald er rappt. Es ist die Entscheidung des Rappers, ob er nun schnell und mit erstaunlicher Kadenz rappt, wie etwa Eminem, oder herrlich langsam und getragen wie ein Snoop Dogg. Es geht darum, wie der Rap von den Beats dahingetragen wird – so wie ein Schlagzeuger entscheiden darf, ob er einen Song pushen oder ihm doch lieber ein entspanntes Feeling verpassen will. Sänger treffen solche Entscheidungen mittels ihrer Phrasierungen. Es geht darum, wann sie eine Textzeile starten und wie lange sie sic ausdehnen wollen.

Van, der offensichtlich viel frühen R&B gehört hat, ist einfach makellos, sobald er seinen Flow gefunden hat. Randy Lewis, ein hochgeschätzter Musikkritiker bei der *LA Times*, traf den Nagel auf den Kopf: „Van Morrison strebt danach, mit seiner Musik in einen speziellen Bereich vorzudringen, einen ätherischen Ort, der sich vielleicht am besten mit seinem Song von 1970, ‚Into the Mystic', beschreiben lässt: ‚Just like way back in the days of old, [and] magnificently we will float into the mystic'."

XI.
Ravi Shankar

In Trance

Um high zu werden … atme tief ein.

George Harrison nannte ihn den „Godfather of World Music". Das trifft es genau. Ravi Shankar schaffte es praktisch im Alleingang, das Interesse des Westens für östliche Musik zu wecken. In den 1930ern kam Ravi Shankar als Jugendlicher mit der Tanztruppe seines Bruders Uday in den Westen. Die Brüder trafen dort auf Paramahansa Yogananda, einen der ersten indischen Gurus, die unser drittes Auge gegenüber jener Spiritualität öffneten, die in der Heimat Gandhis seit vielen Jahrtausenden gelebt wurde. Yogananda besuchte in den 1950ern die USA als Teil der ersten Hinduismus-Welle. Ein Teil von Gandhis Asche wurde im Meditationszentrum Yoganandas in West Los Angeles zur letzten Ruhe gebettet. Mr. Shankar tunkte somit seine kreativen Impulse schon sehr früh in absolut hochwertige spirituelle Currysauce.

Zum ersten Mal kam ich mit den Trance-ähnlichen Ragas in Ray Manzareks Wohnung im kalifornischen Venice in Kontakt. Paul Ferrera, ein gemeinsamer Freund von Ray und Jim, hatte gerade das Artwork für eine von Ravis LPs fertiggestellt. Diese lag nun neben ein paar anderen aus Rays Plattensammlung auf dem Holzboden. Wir saßen herum, rauchten Gras und lauschten dem Großmeister der Sitar. Tatsächlich wäre das Ganja gar nicht nötig gewesen, da der indische Vibe der Musik uns ohnehin in eine meditative Stimmung versetzte. Mit sofortiger Wirkung setzte ein beruhigender Effekt ein. Zumindest bis der Höhepunkt am Ende der zehn bis 15 Minuten langen Stücke erreicht war.

Laut Ravi müsste der Westen lernen, ein wenig geduldiger zu werden. Wenn jemand eine lange Zeit auf etwas wartet, dann zahlt es sich besonders aus. So wie ein großer Orgasmus. Aber aus mir spricht wohl bloß meine westliche Libido. Ravi sprach natürlich von einer spirituellen Belohnung, nachdem er jahrelang diszipliniert sein Instrument gelernt und sich den langen Intros der Raga-Musik hingegeben hatte. Musik, die der östlichen Tradition des Modalismus folgt, in der somit Phrasen immer wieder wiederholt werden, wirkt sich auf das Nervensystem aus, wodurch ein bestimmter psychischer Zustand ausgelöst wird.

Wenn sich das Universum aus akustischen Schwingungen zusammensetzt, kann einem die Musik dabei helfen, die Welt zu verstehen und seinen Platz darin zu finden. Haki Madhubuti, jener gefeierte Poet und Gründer von Third World Press, sagt, dass „1000 Arten von Musik in jeder Stunde erklingen werden, wenn wir nur bewusst genug werden, um unsere eigenen inneren Schwingungen orchestrieren zu können“. Ray begeisterte mich auch für den Soundtrack von *Pather Panchali*, einem Film von Satyajit Ray. Dabei handelt es sich um eine wunderschöne Fusion aus indischer Musik und Jazz. Beide Musikstile setzen stark auf Improvisation. Shankar komponierte die Musik für den Film. Viele Jahre später schrieben Robby Krieger und ich uns in Ravi Shankars Kinnara School of Music in Los Angeles ein. Dort studierten wir Sitar respektive Tabla (eine indische Trommel). Wir waren fasziniert von der Disziplin und der Atmosphäre, die in dieser Schule herrschten. Gemäß der indischen Tradition müssen Trommler zuerst lernen, Noten zu singen, bevor sie sie spielen dürfen. *Tita-gitatita-nana, tita-gita-tita da.* Die Tabla ist ganz sicherlich das am schwersten zu spielende Percussion-Instrument der Welt. In den Monaten zwischen zwei Touren mit den Doors gelang es uns jedenfalls, ein paar Unterrichtsstunden zu nehmen.

Auf der anderen Seite des Großen Teichs verfolgten die Beatles einen ähnlichen Ansatz, vor allem George Harrison. In dieser Zeit vor Social Media und dem Internet konnte niemand wissen, was der andere gerade so tat. Carl Jung dürfte mit seinen Thesen hinsichtlich Synchronizität und archetypischen Strömungen richtig gelegen haben. Die Fab Four experimentierten so wie wir vier Doors mit dem damals noch legalen LSD und widmeten uns ein wenig später der Meditation. Gerüchten zufolge soll John Coltrane Acid ausprobiert haben, bevor er das Album *Meditations* aufnahm. Das ist keine ungewöhnliche Entwicklung. Wie der schweigende indische Guru Meher Baba auf seiner Kreidetafel mitteilte: „Wenn Drogen die Tür öffnen, die meine Jünger zu mir bringt, dann ist das in Ordnung. Aber sie sollten sie hinter sich wieder schließen."

Man kann wirklich alles als Hilfsmittel fürs Meditieren nutzen: ein Mantra, das einem ein Lehrer gegeben hat, den Atem, OM/AUM … wirklich alles! Der englische Mystik-Autor Alan Watts fragte den Mythologen Joseph Campbell, welche Meditationspraxis er verfolge. Campbell antwortete: „Ich unterstreiche Sätze." Zu dieser Zeit las ich auch *Be Here Now* von Ram Dass (bürgerlicher Name: Richard Alpert), demzufolge das Wichtigste an Meditation ist, dass man sich nicht selbst fertigmacht, wenn man realisiert, dass der Verstand vom Mantra weggedriftet ist. (Oder vom Atem, oder was auch immer man dafür verwendet.) Nehmt all diese Gedanken, die durch euer Großhirn rasen zur Kenntnis und kehrt dann ganz entspannt wieder zurück zu eurer Meditation.

Eines Abends war die Aufregung in der Kinnara School förmlich greifbar: Ravi weilte in der Stadt und sollte vor uns Schülern einen Vortrag halten. Hinter ihm saß seine Freundin – so wie sie das auch bei seinen Konzerten tat, wo sie ihn auf der Tamburizza begleitete. Der Maestro sprach darüber, den Sexualtrieb so umzulenken, dass man ihn dafür nutzte, intensiver auf seinem Musikinstrument zu üben. Mit meinen 20 Jahren konnte ich das kaum fassen. Ravi spielte auf seinem Instrument, wenn er mal rollig wurde! Ich hatte von Yogis gehört, die ihre sexuelle Energie ihr Rückgrat emporsteigen lassen, bis zu ihrer Stirn, um die Kundalini-Kraft freizusetzen. Aber ich wusste, dass das nicht der Weg war, den ich verfolgen wollte. Vor allem nicht, als ich jung war, und mir des allgegenwärtigen Verlangens in meiner Hose nur allzu bewusst war. Hier in Amerika müssen wir alles vereinnahmen und zweckentfremden, weshalb schlechte „Sitar"-Musik mitunter als musikalische Untermalung für Sexfilmchen herhalten musste. Ravi versuchte, dies zu unterbinden, indem er die Pornobranche verklagte. Doch die Produzenten dieser brachial-romantischen Streifen ließen sich nicht festnageln. So wurden Shankars göttliche Klänge zum Soundtrack für Sex.

Unser musikalischer Guru sollte außerdem, solange er in der Stadt war, ein Konzert in der prestigeträchtigen Royce Hall am Campus der UCLA spielen, wo ich Jahre zuvor bereits John Coltrane gesehen hatte. Als Schüler an der Kinnara School wurde uns die Ehre zuteil, auf der Bühne Platz zu nehmen, während er sich von dieser Welt zu verabschieden und stattdessen in die Trance-Zustände der indischen Ragas einzutreten schien. Und Ravi entrückte tatsächlich dieser Welt. Ich saß nahe genug bei ihm, um zu sehen, dass gegen Ende der zweistündigen musikalischen Reise Ravis Fingerkuppen vom unentwegten Zupfen und Anschlagen der Saiten rot geworden waren. Nachdem alles vorüber war, tropfte ein wenig Blut von mehreren seiner Finger, aber die Glückseligkeit in seinem Gesicht verriet, dass ihm das schlichtweg nicht aufgefallen war. Da war er wieder, dieser Freiraum – als Schutz gegen die Zeit.

Ravi sollte auch noch mit dem großartigen klassischen Violinisten Sir Yehudi Menuhin gemeinsame Sache machen. Sie trafen sich bei einem Wohnzimmerkonzert, wo Yehudi Ravi auf das Thema Yoga ansprach. Der Terminkalender des Geigenvirtuosen hielt ihn permanent auf Trab, weshalb er annahm, dass Yoga, das man überall ausüben kann, eine sinnvolle Unterstützung für ihn sein könnte, wenn er sich auf Tour befand. Die beiden traten sogar zusammen live auf, bei einer erfolgreichen Duo-Performance im Juni 1966 im Rahmen des Bath Musical Festivals, das zu einer gemeinsamen Aufnahmesession führte. Das daraus resultierende Album mit dem Titel *West Meets*

East wurde 1967 mit einem Grammy für die beste Kammermusik-Darbietung ausgezeichnet. Es war das erste Mal, dass ein asiatischer Musiker einen Grammy erhielt. Dieses historische Aufeinandertreffen half der einen Hälfte des Planeten, die andere besser zu verstehen. Yehudi weckte die Neugier der westlichen Klassik-Szene auf östliche Klänge, während Shankar den Osten für den Westen erschloss, obwohl typisch indische Musik – nicht unähnlich dem westlichen Jazz – über weite Strecken auf Improvisation beruhte.

Der Osten und der Westen liegen seit Anbeginn der Zivilisation miteinander im Clinch und versuchen sich gegenseitig davon zu überzeugen, dass der jeweils eigene Ansatz der bessere ist. Letzten Endes aber scheint eine Synthese beider Kulturen die ideale Lösung zu sein. Jeder kann vom anderen etwas lernen. Nur hört man einander in den seltensten Fällen wirklich zu. Swami Satchidananda, jener indische Guru, der bei der Eröffnung des Festivals in Woodstock gesprochen hatte, wollte zum gegenseitigen Verständnis beitragen. Laut ihm war der Westen eine große Hilfe dabei gewesen, Leuten beizubringen, wie man Dinge konstruiert und sie zum Funktionieren bringt. Der Osten wäre nun an der Reihe, anderen das Thema Spiritualität näherzubringen.

Yehudi Menuhin beschrieb Ravi Shankar sehr treffend:

> [Er ist] ein höchst hingebungsvoller Mann und überaus integer. Ich kenne keinen besseren Lehrmeister. Sein kompromissloses Engagement für seine Kunst geht weit über das bloße Musikmachen hinaus. Für Ravi ist jede menschliche Aktivität – Essen, Tanzen, körperliche Ertüchtigung – von einer symbolischen Werthaftigkeit, die über jede Kritik erhaben ist. Deshalb ist alles – auf seine jeweils eigene Art und Weise – in gewisser Hinsicht ein Gottesgeschenk.

Vermutlich hat seine Integrität ein wenig auf mich abgefärbt. Immerhin kommentierte Tavis Smiley mein Handeln in seiner Interview-Show auf PBS so: „Manchen mag es mutig erscheinen, anderen finden es vielleicht dumm, so viel Geld einfach in den Wind zu schlagen.“ Damit bezog er sich auf mein Veto hinsichtlich der Nutzung unserer Songs in der Werbung. Ich habe stets versucht, meinen Ansatz in die heutige Popmusikszene mitzubringen, wie ich in einem Artikel für *Daily Beast* zu erklären versuchte:

> Auch auf die Gefahr hin, mich großspurig anzuhören, möchte ich betonen, dass Rock'n'Roll für mich etwas Heiliges ist. Er nahm seinen Ausgang in der Mitte des 20. Jahrhunderts, und als der einstmals bitterarme Elvis seinen ersten Cadillac kaufte, war das seine Art, den verklemmten Fünfzigerjahren seinen „Bling“ unter die Nase zu reiben. 60 Jahre später verweigerte ich mich der Firma Cadillac und legte mein Veto gegen die Idee ein, einen Doors-Song dafür zu verwenden, Leute davon zu überzeugen, sich einen Straßenkreuzer zuzulegen. Seit vielen Jahren hat sich eine Tradition herausgebildet, nämlich die Vorstellung, dass Musik etwas bedeutet. Wenn man diesbezüglich Kompromisse eingeht, dann könnte sich ihre Power vermindern. Wir müssen die Flammen am Brennen halten, die Scheinheiligkeit eindämmen und nach der Wahrheit streben.

Warum drohte Jim Morrison wohl, dass er einen Buick im Fernsehen demolieren würde, wenn wir „Come on, Buick, Light My Fire“ spielten? Eigentlich stammte der Song ja von Robby, aber Jim bedeutete unser gesamtes Repertoire so viel, unser ganzes gemeinsames Schaffen. Um es mit Leonard Cohen zu sagen, er bezahlte schon lange genug Miete im „Tower of Song“. Er wusste, wenn etwas heilig und wenn etwas von profaner Natur war.

Ich bin kein Atheist, habe aber stets betont, dass ich an „das Mysterium“ glaube, weil es mir sehr missfällt, dass im Namen eines Gottes Kriege geführt werden. Mittlerweile empfinde ich aber die Musik als meine Religion. In meinen über 70 Jahren auf diesem Planeten war sie mein wichtigster Leitfaden. Ich will daher meine Mythologie auf keine Weise verwässert

> sehen. Man muss sich nur ansehen, wie sich das auf die amerikanischen Ureinwohner ausgewirkt hat. Wir nahmen ihnen ihre Spiritualität und gaben ihnen stattdessen eine Flasche. Ich wünsche mir für mich eine schlagkräftige Metaphysik. Ich will mich daran bis zur Besinnungslosigkeit berauschen – im metaphorischen Sinne. Ich will mich angesichts der Klänge, die ich höre, in Ekstase verlieren und ein Loblied auf Debussys Sirenen anstimmen, an deren Felsen ich zerschelle!

Um aus meinen zweiten Memoiren (*The Doors: Unhinged*) zu zitieren: „Es entspricht der indischen Musiktradition, sich einem lebenden Guru zu unterwerfen, der seinen Schüler zwar mit Disziplin anleitet … sie aber niemals missbraucht. Während sich dann das gegenseitige Verhältnis weiterentwickelt, gelingt es dem Schüler mitunter, den Lehrmeister zu übertrumpfen, der dies aber voll Stolz zur Kenntnis nimmt." Ravis Tochter Anoushka drängt sich hier als Beispiel auf.

In jungen Jahren übte Shankar das Sitar-Spiel zehn Jahre lang jeden Tag sechs Stunden am Tag. Später im Leben räumte er ein, dass sein Rückgrat ganz krumm sei, weil er sich ständig in einer sitzenden Haltung befunden hätte. Wenn das Geistige zum Vorschein kommt, überschattet die Ekstase einfach alles. Es scheint, als gäbe es in jeder Profession auch Berufsrisiken, ganz egal, ob man nun mit einem Presslufthammer den Straßenbelag bearbeitet oder auf einem Schlagzeughocker Platz nimmt. Doch wenn man auf seine Arbeit stolz ist, dann nimmt man die Gefahren auch gern in Kauf. Ich bin dafür, auf Wolkenkratzern Tafeln anzubringen, auf denen die Namen der Bauarbeiter aufgelistet sind, die an deren Errichtung beteiligt waren. Sie haben das Gebäude hochgezogen, aber am Eingang kann man bloß nachlesen, welche Firma das Bauwerk besitzt.

In vorangeschrittenem Alter verkündete Ravi, dass die Schmerzen und Wehwehchen verschwanden, wann immer er Musik spielte – zumindest für ein paar Stunden transzendentaler Wonne. Sein großer, ungebundener Geist verstand es, ihn sein ganzes Leben lang zu beflügeln – und er wurde immerhin 96 Jahre alt. Raviji ließ die Welt fortlaufend an seiner musikalischen Gabe teilhaben und er spielte bis zum Schluss mit enormer Leidenschaft. Was für ein fantastischer Mentor er doch war.

XII.
Patti Smith

Verletzlichkeit

Sich seiner Kleidung zu entledigen, taugt nicht als Ablenkung …
sondern enthüllt große Schönheit.

Sie saß auf der Bühne des Getty Museums neben ihrem Sohn. Die beiden nestelten an ihren Notenblättern herum, von denen einige dabei zu Boden glitten, sodass die Abfolge der Stücke durcheinanderkam. Als Hörer hätte man das für unprofessionell halten können, aber irgendetwas an ihrer Bühnenpräsenz war dennoch unwiderstehlich charmant. Mutter und Sohn bestritten zusammen ein Konzert zu Ehren des verstorbenen Archivars, Malers und Filmemachers Harry Smith. Dabei war es eigentlich ganz egal, welchen Song sie sang. Irgendetwas in ihrer tiefen Vibrato-Stimme traf ihre Hörer direkt ins Herz.

Als Patti Smith 1975 in der Szene rund um das CBGB auftauchte, war sie ein absolutes Unikum. Sie kleidete sich wie ein Kerl, was damals außergewöhnlich war. Außerdem verabscheute sie alles, was ihr nicht authentisch erschien. Die Punks verurteilten die Heuchelei, die den Hippie-Ethos inzwischen infiltriert hatte. In einem Interview mit dem *Guardian* blickte sie noch einmal zurück:

> Im Jahr 1974 waren bereits viele unserer großen Stimmen verstummt. Wir hatten Jimi Hendrix, Jim Morrison und Janis Joplin verloren. Leute wie Robert Kennedy, Martin Luther King und

Malcolm X waren tot. So viele Verluste in so kurzer Zeit. All diese Leute, die eine politische und kulturelle Richtung vertraten. Es schien, als ob der Rock'n'Roll eine neue Richtung einschlagen würde – hin zu konsumentenfreundlicher Unterhaltung, die im Stadion stattfand. Ich aber hatte das Gefühl, dass eine neue Generation alles niederreißen müsste. Wie schon Jim Morrison sagte: „Break on through to the other side." Und ich fand mich irgendwie in der Mitte wieder – nicht ganz zur alten Garde gehörig, aber auch nicht wirklich Teil der neuen Generation. Vielmehr empfand ich mich als menschliche Brücke. Ich sagte mir, dass ich aufwachen und auch alle anderen aufwecken müsste.

Jim Morrison hatte in einem Interview, das er kurz vor seiner verhängnisvollen Reise nach Paris gegeben hatte, erklärt: „Jede Generation wünscht sich neue Symbole, neue Leute, neue Namen. Sie wollen sich von der Vorgängergeneration abheben ... Sie werden es nicht länger ‚Rock' nennen, sondern einen neuen Namen erfinden!"

Punk!

2013 brachte ich in meinem Essay *Music Is My Religion* für die Online-Plattform *Daily Beast* ähnliche Gedankengänge zum Ausdruck:

> Diese Musik hat uns spirituell genährt. Wenn sie nun ihren Fokus einbüßt, werden neue Bewegungen aufkommen, um diesen zu bewahren. So wird die Muse wiederbelebt. Jede neue kreative Welle stellt die Vorgehensweise der vorangegangenen in Frage. Elvis schockierte die Generation Eisenhower mit dem Thema Sexualität. Die Hippies waren den Leuten in den frühen Sixties zu ungepflegt. Die Punks waren wiederum den Blumenkindern zu zornig. Doch all diese musikalischen Bewegungen verkörperten dieselbe Botschaft: Lebensfreude. Geht diesbezüglich bloß keine Kompromisse ein! Denn ein Mensch zu sein, heißt, Demütigungen einstecken zu müssen. Doch dem stellt sich der Geist entgegen, der das Körperliche zu überwinden imstande ist.

Bevor Patti Smith ihre Muse gefunden hatte, verbrachte sie gern Zeit mit einem jungen Bühnenautor namens Sam Shepard. Er sollte später einen Pulitzer-Preis gewinnen, während man sie eines Tages als die „Godmother of Punk" verehren würde. Ich bin ein Fan dieser beiden Künstler. Als Schlagzeuger der Gruppe Holy Modal Rounders verstand Shepard es, die Musik in den Freiräumen zwischen den einzelnen Sätzen herauszuarbeiten. Auch gelang es ihm, die Tiefe des menschlichen Zorns in den meisten seiner Stücke sehr gut auf den Punkt zu bringen. Als ich einmal durch die Fernsehkanäle surfte, blieb ich bei einer Verfilmung von Shepards *True West* mit John Malkovich hängen. So etwas hatte ich weder im Fernsehen noch im Kino je zuvor gesehen. Als junger Mann konnte ich die aufgestaute Wut nur allzu gut nachvollziehen.

Patti war am Anfang eine Dichterin, die sich von einem Gitarristen begleiten ließ. Schrittweise ergänzte sie sämtliche Elemente, die unterm Strich eine Rockband ausmachen. Dann ging sie zum Angriff über, spuckte ihre Worte im Stakkato-Rhythmus aus und verfeinerte ihre Punk-Haltung. Die hoch aufgeschossene und schlaksige Patti mit ihrem irre anmutenden linken Auge definierte die Rolle des Rockstars neu. Maler wie Picasso und Modigliani verliehen ihr Selbstsicherheit: „Die Frauen in ihren Gemälden sehen wie ich aus!" Sie überwand Geschlechtergrenzen und stürmte die Charts mit ihren Hit-Singles „Because the Night" und „People Have the Power". Doch sie opferte niemals ihre Integrität.

Es waren Leute wie sie, die mir beistanden, als ich mich gerade sehr allein fühlte in meinem Kampf gegen meine früheren Bandkollegen, die aufs Geldmachen aus waren und unsere Songs für die Werbung freigeben wollten. Smith bewunderte Jim Morrison für seine Integrität, und ihre kompromisslose Authentizität als Künstlerin verlieh mir die Courage, Jims Vermächtnis zu verteidigen. Hier offenbart sich ein roter Faden: Künstler, die einander in ihrem Kampf unterstützen, ihrer Originalität treuzubleiben. Für Kunstschaffende wie Patti und Jim spielte Geld eine untergeordnete Rolle. Das unverfälschte Werk war die höchste Belohnung.

Doch dann tat Patti das Unvorstellbare: Sie warf das Handtuch. Wie Steve Martin, Björn Borg und ein paar wenige andere kehrte sie dem Geschäft den Rücken. Während Martin gigantische Stadionshows hinter sich ließ und sich stattdessen Filmen und dem Drehbuchschreiben zuwandte, zog Patti in einen Vorort von Detroit, heiratete Fred „Sonic" Smith von den MC5 und wurde Hausfrau und Mutter. Wie bitte? Die Frau, die Textzeilen wie „Jesus died for somebody's sins but not mine" geschrieben hatte, hatte sich im Mittleren Westen niedergelassen? Das ergab zunächst überhaupt keinen Sinn, doch eigentlich war es ein heroischer Schritt, ins Kernland der USA zu ziehen. Vielleicht suchte Patti dort ja nach dem Herzen Amerikas. Ihre Jesus-Textzeile war keine Blasphemie. Sie wollte nur ihre eigenen Fehler machen dürfen, ohne dass Christus sich deren Last aufbürdete.

Nachdem sie fast ein Jahrzehnt lang ein „normales" Familienleben gelebt hatte, starb Fred. Was für eine Tragödie. Manchmal ist das Leben einfach nicht fair. Doch sie überwand diesen privaten Rückschlag auch mithilfe einer neuen CD, und *Gone Again* ist in meinen Augen ein echtes Meisterwerk. Patti hatte auch ihren Bruder Todd verloren, und mit diesen Songs öffnete Patti ihr Herz und ließ all den Schmerz herausfließen. Ihre Musik enthielt aber auch schöne und erbauliche Augenblicke:

But I look up
and a rainbow appears
like a smile from heaven
and darling I can't
help thinking that smile
is yours

Zu unserem Glück verfügt Patti Smith über ein großes Herz. Als ich sie hinter der Bühne im Getty Museum traf, erklärte ich ihr ohne Umschweife, dass ich *Gone Again* für einen Geniestreich hielt. Sie stellte mir ihren Sohn vor und sagte, dass sie beide große Fans der

Doors wären. Unsere Unterhaltung war von gegenseitigem Respekt geprägt. Es war aufregend, sie persönlich treffen zu dürfen.

Seit damals hat Patti Smith etliche Gedichtbände veröffentlicht, Fotoausstellungen veranstaltet, Bilder gemalt und noch viel mehr geleistet. Sie ist eine echte Alleskönnerin. Die Prosa ihrer Memoiren *Just Kids*, die mit dem National Book Award ausgezeichnet wurden, ist so persönlich und bewegend, als würde man selbst an ihrer Seite ihr Leben noch einmal durchleben. Patti mochte zwar erst etwas später in ihrem Leben dem Zenit ihres Schaffens zustreben, doch waren es nicht chinesische Poeten, die warnten, man sollte sein Werk bloß nicht zu früh veröffentlichen? Sie ist gut gereift und ich kann von ihren kreativen Früchten gar nicht genug bekommen.

Ich bin gerade von einem Konzert ihrer *Horses*-Tour nachhause gekommen und schreibe diese Zeilen um 1 Uhr morgens. Tatsächlich fühle ich mich durch ihre Leidenschaft geradezu verjüngt. Mit ihren 69 Lenzen gelingt es Patti, die Essenz der Muse zu channeln und mit einem Elan zu performen, um den sie selbst Bühnenkünstler, die jünger als 30 sind, beneiden würden. Auch besitzt sie ein Verständnis für Dynamik – eine meiner bevorzugten musikalischen Qualitäten. Sie fürchtet sich nicht vor Stille. Auch vor Zartheit ziert sie sich nicht. Sie erzählt Witze auf der Bühne. Dann liest sie Gedichte vor. Patti zieht nicht per se eine Show ab, sondern, um es mit ihren eigenen Worten auszudrücken:

> Wenn ich schreibe, zeichne, ein Gedicht verfasse, dann erwarte ich von mir Perfektion. Wenn ich aber auf der Bühne stehe und für die Leute singe, dann ist mir das alles egal. Für mich steht Kommunikation über allem. Um einen Lacher zu ernten, mache ich mich auch selbst gern mal zum Narren. Es ist mir nicht wichtig, ob mir ein Fehler unterläuft, solange die Leute und ich auf einer Welle schwimmen.

Um ihren Geburtstag standesgemäß zu feiern, coverte Patti den Hendrix-Song „If 6 Was 9“, wobei sie das (zugegebenermaßen sehr komplexe) Intro verhunzte. Sie unterbrach die Band und sagte, dass ihr Charme auch darauf beruhte, hin und wieder Fehler zu machen. Es bereitet ihr kein Unbehagen, sich vor Publikum zu verzetteln. Was mir von diesem Konzert in Erinnerung bleibt, ist eine große Künstlerin, die alles, was sie zu bieten hat, auch zur Schau stellt. Verletzlichkeit und Talent.

Ein paar Jahre nach ihrem Auftritt im Getty Museum verzettelte sich Patti bei ihrer Darbietung von Bob Dylans „Hard Rain's a-Gonna Fall" bei der Nobelpreisverleihung in Stockholm. Dylan hatte sie gebeten, seinen Preis für ihn entgegenzunehmen und statt ihm im Rahmen der Zeremonie zu singen. Die ganze Welt sah zu, wie sie die zweite Strophe in den Sand setzte. Doch statt zu versuchen, ihr Missgeschick zu übertünchen, hielt sie einfach inne und unterbrach ihre Darbietung. „Das war einer der schwierigsten Augenblicke in meinem Leben als Performerin", blickte Patti zurück. „Ich hatte den Text nicht vergessen, immerhin hatte ich den Song in meinem Leben bereits hunderte Male gesungen. Ich war einfach blockiert."

Sie bat, noch einmal beginnen zu dürfen. „Ich musste einfach mit der Wahrheit herausrücken. Das ist etwas, was ich als Bühnenkünstlerin gelernt habe. Wenn man die Wahrheit sagt, ist das Publikum gewillt, einem zu vergeben. Ich sagte, dass ich sehr nervös wäre. So ließ man mich noch einmal von vorn beginnen. Am nächsten Tag sagten mir all die Nobelpreisträger, dass sie mitgefühlt hätten, als ich diesen schwierigen Moment durchlebte." Was für jeden anderen eine Katastrophe gewesen wäre, verwandelte Patti in Gold. Sie ist eine Alchemistin!

Ihr Fan Lucy Weir brachte Patti Smiths Essenz in einem Posting auf YouTube perfekt auf den Punkt:

> Erst an jenem Punkt, als sie den Text vergaß, sich so anmutig und bescheiden entschuldigte und von Neuem zu singen begann, hörte ich ihr richtig zu. Patti, in deiner Stimme und deinem Herzen trägst du die qualvolle Erkenntnis der Tiefgründigkeit und Angst all jener, die zu fühlen imstande sind. Wunderbar,

sexy, authentisch und fesselnd, aber vor allem unfassbar tapfer. Brich die Regeln! Mach Fehler! Fang noch einmal von vorn an! Dein Herz überstrahlt alles. Danke.

Patti ist zweifellos eine Performerin, die es gewohnt ist, hart zu arbeiten. Sie wird uns auch weiterhin gut versorgen, bis sie irgendwann „auf die andere Seite" überwechselt und mit offenen Armen willkommen geheißen werden wird. Engel kreisen über ihr, seitdem sie auf dieser unserer Daseinsebene eingetroffen ist. Ihre Verbundenheit mit beiden Welten ist nicht von der Hand zu weisen.

Einem alten Sprichwort zufolge wird der Geist sich erst entfalten, wenn Musik erklingt. Ich glaube, dass der transzendentale persische Poet Hafis zwar über uns alle, aber vor allem über Patti sprach, als er schrieb: „Reisender, ich kann sehen, dass deine Seele die Züge des Göttlichen trägt. Reisender, wenn du über die Augen eines Sehers verfügtest, könntest du erkennen, dass Hafis stets an deiner Seite kniet und fröhliche Lieder summt."

Also, lieber Leser, nimm dir die Zeit zu malen, zu singen oder ein Instrument zu spielen. Wenn du das tust, wird noch jemand anderes mit dir im Zimmer verweilen.

Ich möchte Patti zum Abschluss ganz im Stil von Aretha Franklin huldigen: R-E-S-P-E-C-T …

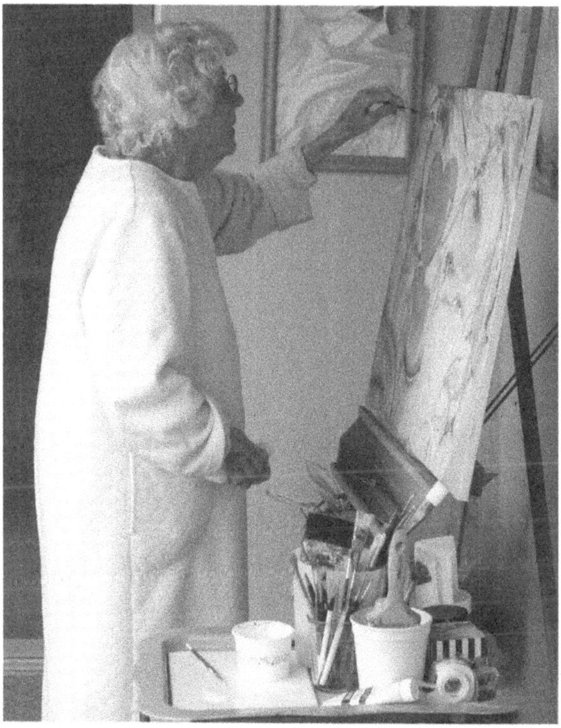

Meine Mom malt ihr letztes Bild. Vier Tage später starb sie im Alter von 94 Jahren. *Ann Densmore*

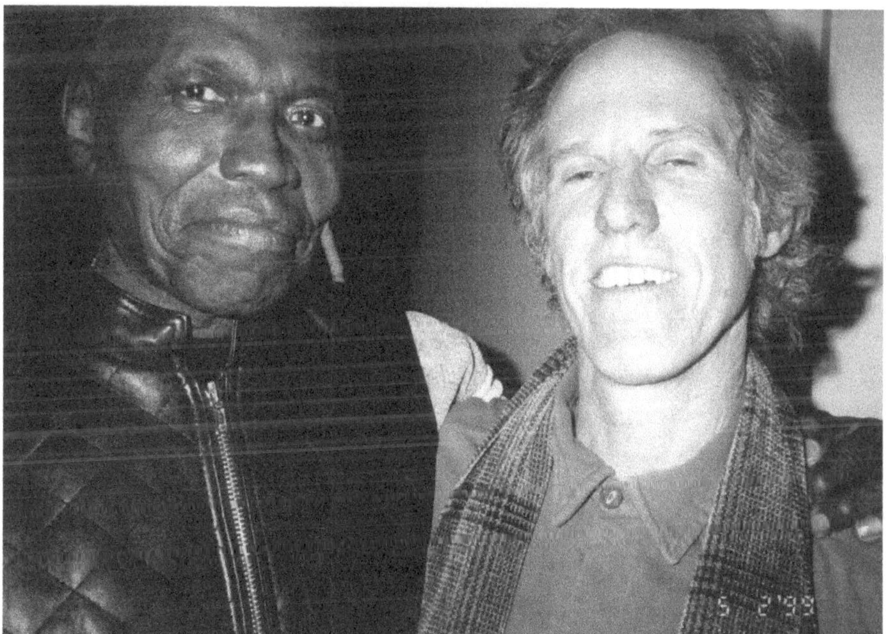

Eine Umarmung von meinem Bruder in Sachen Rhythmus, Elvin Jones, im Slugs. *Lin Curiel*

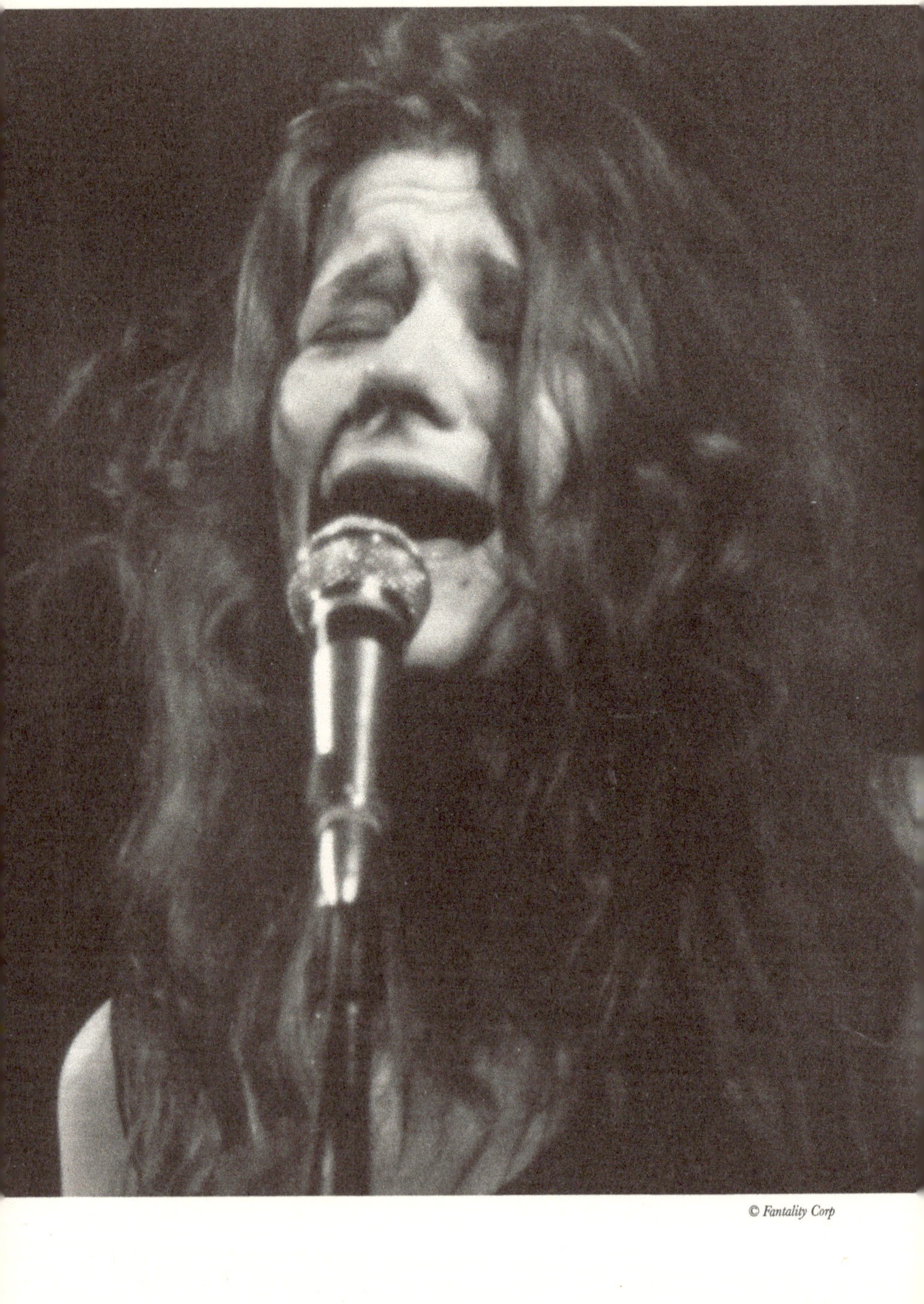

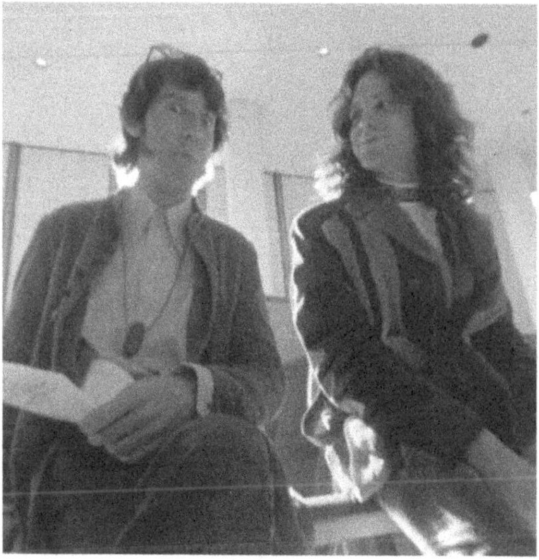

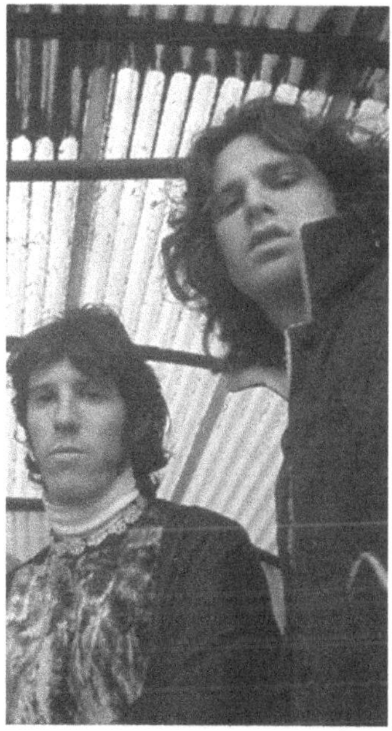

„The blue bus is calling us."

Paul Ferrara

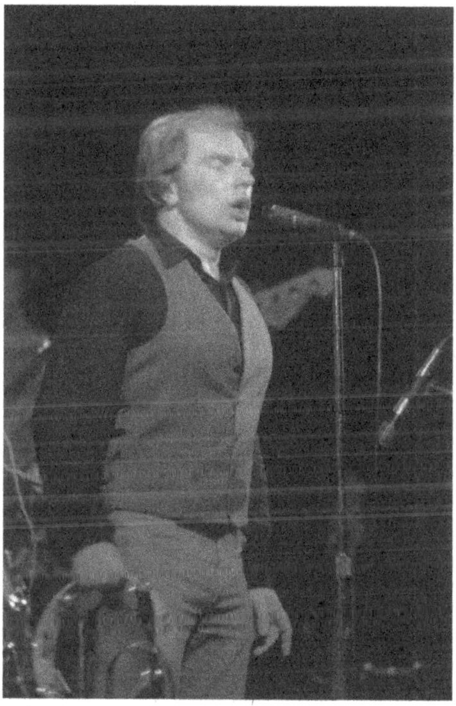

Van Morrison *© 2020 Richard E. Aaron*

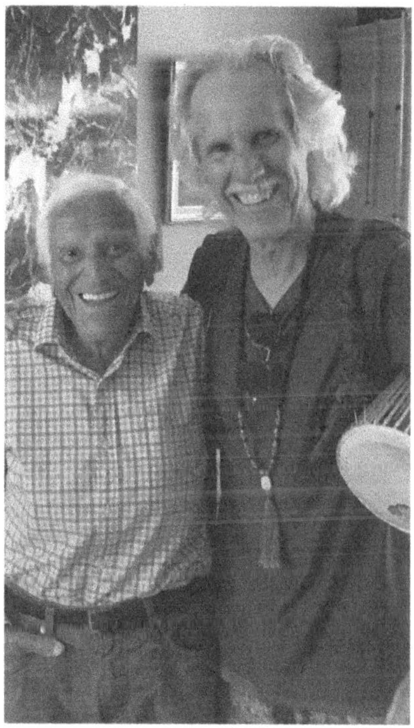

Emil Richards. Er spielte mit Frank Sinatra, Ravi Shankar, George Harrison … und mir! *Celeste Radocchia*

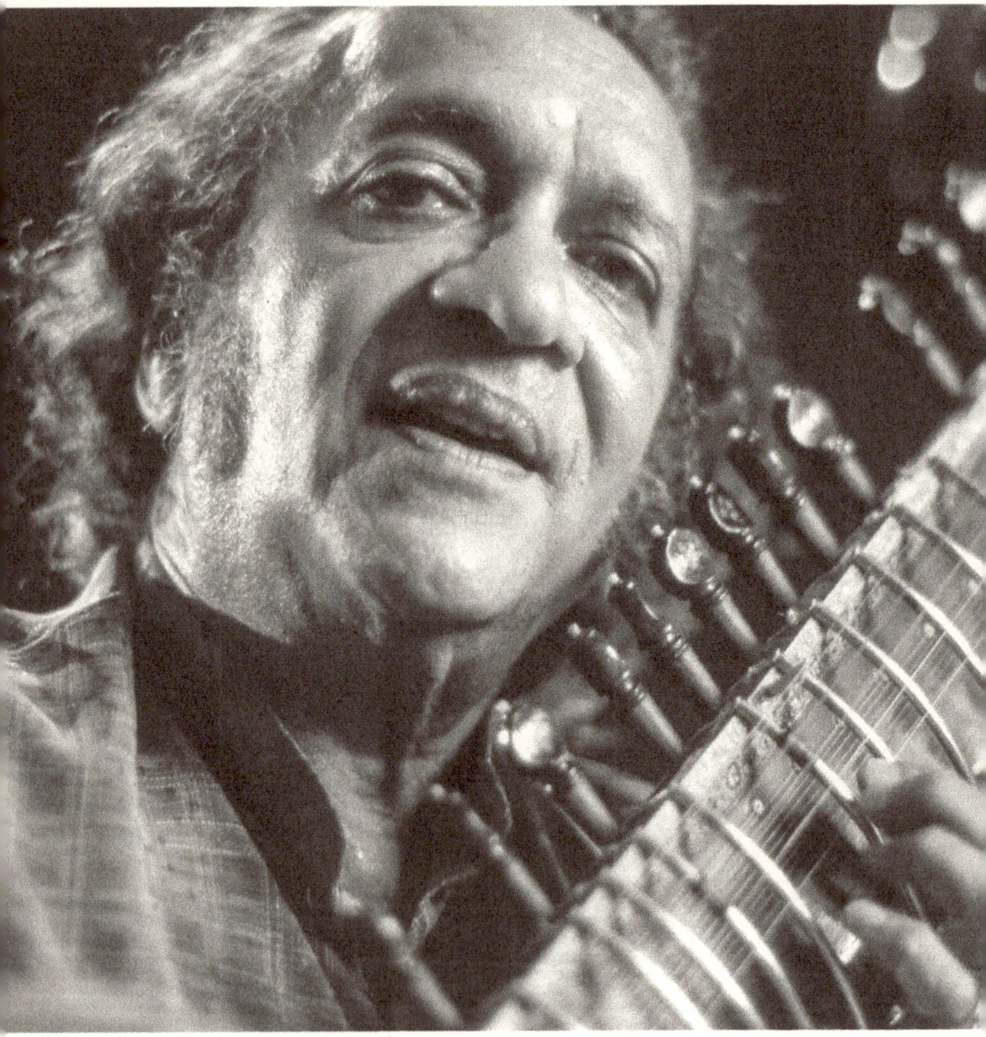

Ravi Shankar – der „Godfather of World Music". *Alan Kozlowski*

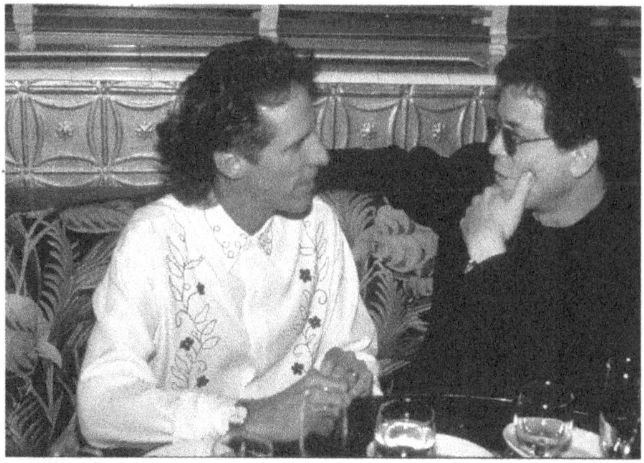

Zwei Rocker (Lou Reed and meine Wenigkeit) unterhalten sich 1991 bei der BookExpo in New York über Politik.

Images Press/Getty Images

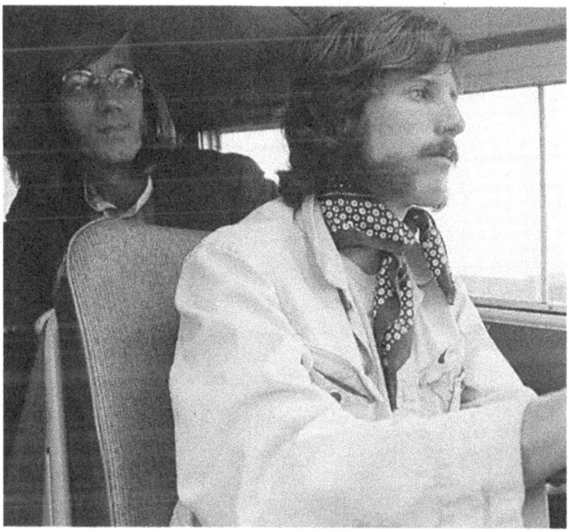

Die Rhythmus-Combo der Doors im blauen Bus.

Henry Diltz

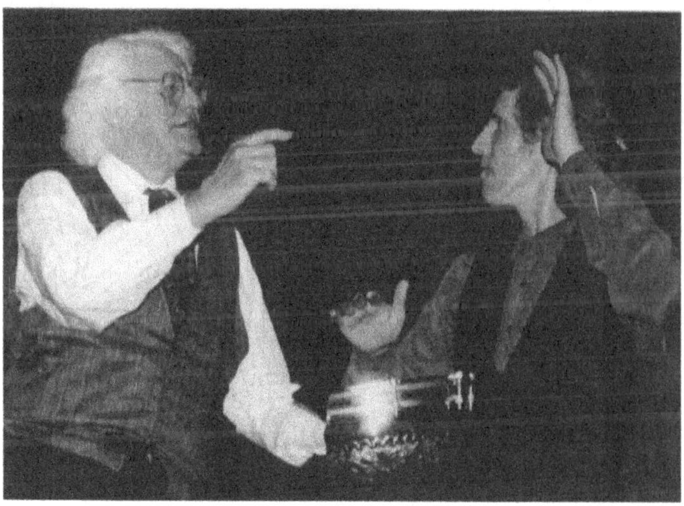

Im Gespräch mit Robert Bly, meiner poetischen Vaterfigur.

John Densmore Collection

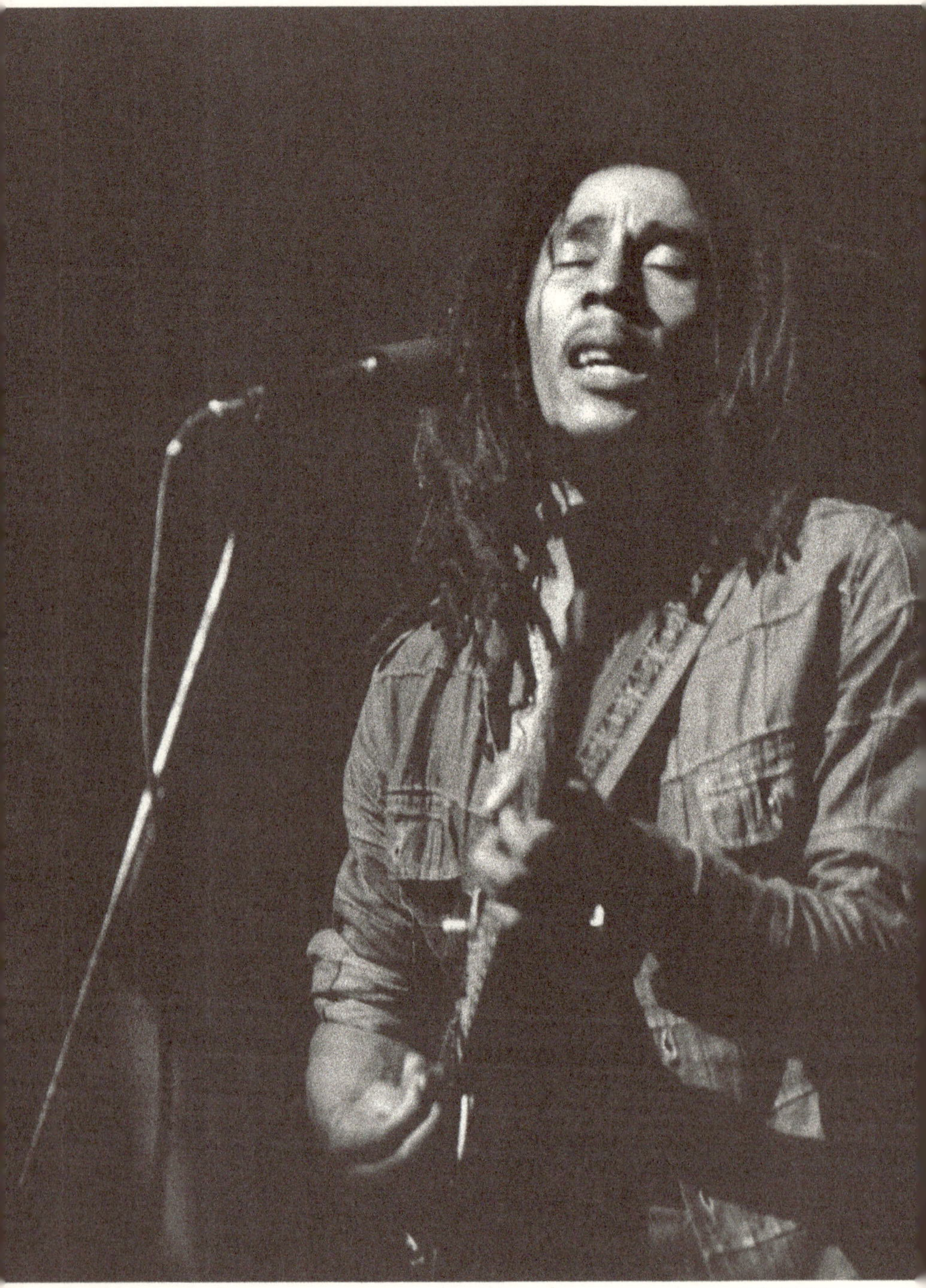

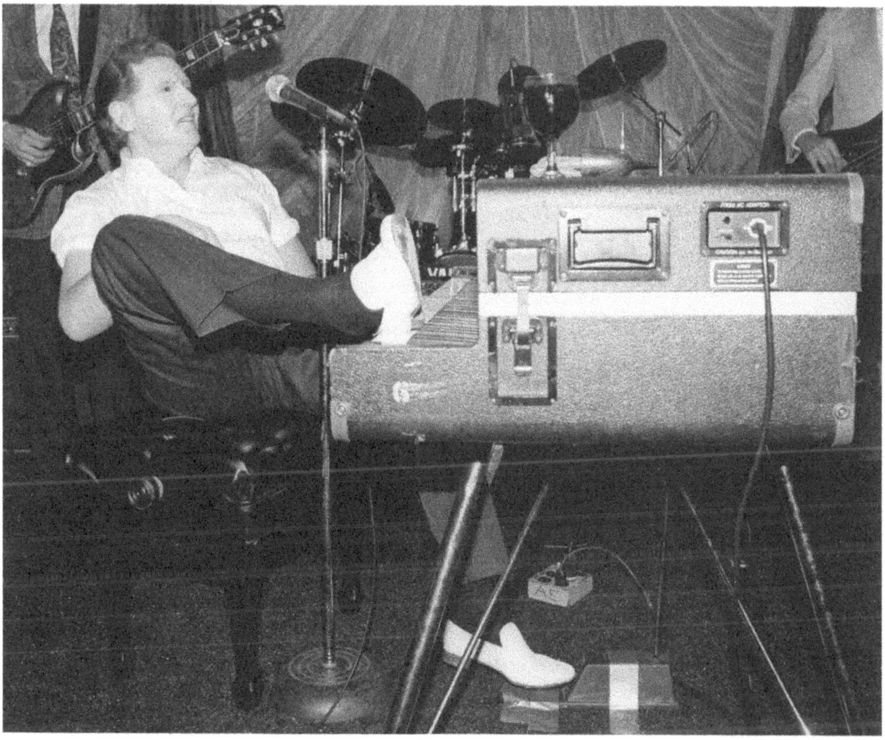

„Denjenigen unter euch, denen meine Show gefallen hat, möchte ich zurufen: Gott schütze euch! Und dem Rest wünsche ich einen Herzanfall!“ *© 2020 Richard E. Aaron*

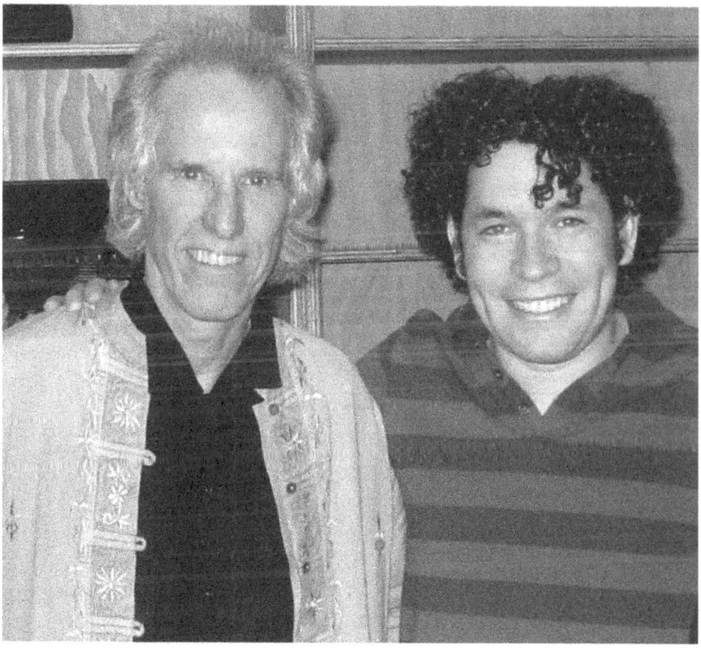

Der Rocker und der Dude (wie in Gustavo Dudamel). Musik für Langhaarige.

Alan Ronay

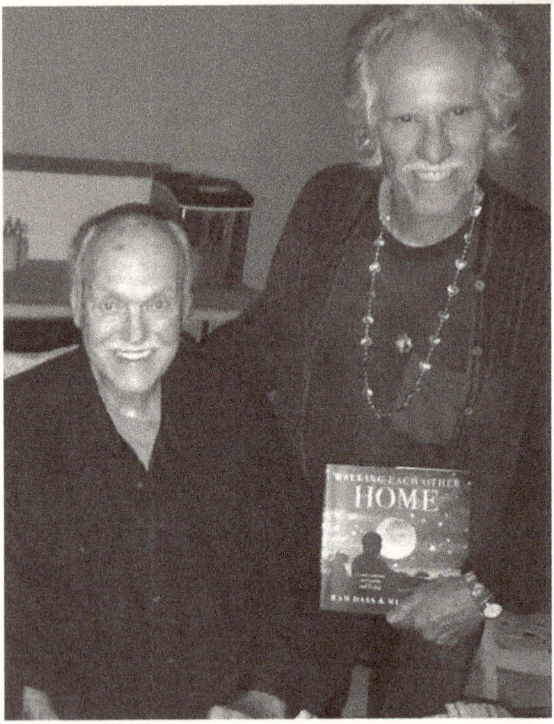

Ram Dass und ich beim Öffnen der Türen der Wahrnehmung.

John Densmore Collection

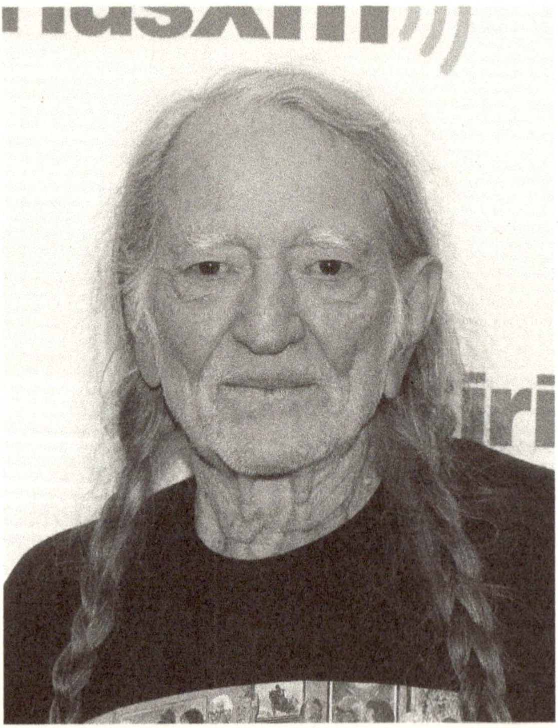

Eines der ruhigsten Augenpaare auf dem Planeten.

Rob Kim/Getty Images

XIII.

Robert Nesta Marley

Rasta Man Vibration

Jah wohnt in unserem Innersten.

Der zweite Vorname meines Enkelsohns lautet wie der von Robert Nesta Marley. Rio Nesta lebt im amerikanischen Nordwesten, wo nicht gerade viele Afroamerikaner wohnen. Allerdings handelt es sich um eine Region, die, zumindest in den urbanen Räumen, von progressiver Politik und einer Vorliebe für Reggae geprägt ist.

Mir wurde das große Glück zuteil, auf Jamaika aufnehmen zu dürfen, bevor Reggae in den USA populär wurde. Alles begann im Frühling 1969, als eine Tournee der Doors nicht nur in Miami startete, sondern auch gleichzeitig endete. Alle Konzerte in den 20 Städten, die noch hätten folgen sollen, fielen nämlich ins Wasser, weil Jim Morrison sich angeblich unsittlich entblößt hatte. Also machten sich drei der vier Doors auf den Weg nach Jamaika, um auf dieser Insel eine Woche Urlaub zu verbringen.

Ich hatte keine Ahnung, dass dieser Ausflug den Beginn einer andauernden Affinität für die Musik und Kultur dieser rauen und unabhängigen karibischen Insel darstellen würde. Es war ein Flecken Erde, der seit 50 Jahren Musik hervorbrachte, die enorme Wirkung auf die ganze Welt ausübte – sowohl direkt als auch indirekt.

Als ich damals mit Robby eine Straße an der Nordküste Jamaikas entlang flanierte, hielt eine Polizeistreife neben uns. Sie erkundigten sich, was wir da trieben. Sie wollten wissen, woher wir stammten und warum wir so aussahen, wie wir das nun einmal taten. Unsere langen Haare hatten ihre Aufmerksamkeit auf uns gezogen. Wir erklärten, dass wir auf Urlaub hier wären und aus Los Angeles stammten. Außerdem sah bei uns zuhause wirklich jeder so aus! (Zumindest auf Hollywood traf das tatsächlich zu.) Widerwillig ließen sie uns weiterziehen und wir setzten unsere Suche nach Ganja fort. Zwar waren Dreadlocks auf der Insel noch kein Thema, aber Gras war dafür seit vielen Jahren bereits in aller Munde.

Eigentlich wollte Jim ja seine Freundin Pam mitbringen, aber nachdem sie sich noch in Los Angeles gezofft hatten, war sie erst gar nicht mit nach Miami gekommen. So verbrachte Jim nun einige Tage allein in einem alten Plantagenhaus auf einem tropischen Hügel, bevor er sich schließlich Robby und mir in unserer Unterkunft anschloss. Er beschrieb den kurzen Aufenthalt im Plantagenhaus selbst als „gruselig". So erzählte er uns, wie er im Esszimmer an einer langen Tafel platznahm, während das Personal auf Stühlen an der Wand saß. Über den Betten waren Vorhänge aus Spitze gespannt, um das Ungeziefer fernzuhalten. Für einen Jungen aus Florida war das alles ein wenig zu steif.

Robby, ich und unsere Freundinnen wohnten in einem Haus mit einer Köchin und einem Haushälter. Abends aßen wir Hühnchen, Erbsen und Reis – eine jamaikanische Delikatesse – und im Anschluss daran holte Tom, der Haushälter, seine 45er-Singles hervor und drehte Spliffs. So kamen wir zum ersten Mal mit Ska in Kontakt, einem Vorläufer des Reggae. „Tonight" von John Holt gefiel uns allen besonders gut. Wir spielten es immer gleich 10- oder 15-mal hintereinander. Der Rhythmus war richtig ansteckend. Die Köchin tanzte und sah dabei sehr cool aus. Ihre Bewegungen waren sehr subtil und ihr Rhythmusgefühl erschien mir schier unfassbar. Tom grinste übers ganze Gesicht und entblößte seine zahnlose Kauleiste. Dabei schnippte er mit den Fingern und ging ganz im Groove auf.

Seinerzeit waren wir wohl noch zu jung, um die angespannten ethnischen Beziehungen auf der Insel vollauf zu begreifen. Wir statteten auf diesem Trip weder Mo Bay (Montego Bay) noch Kingston einen Besuch ab, doch muss sich dort damals einiges abgespielt haben. Während die Wirtschaft des Landes von gerade einmal einer Handvoll weißer Briten kontrolliert wurde, waren ungefähr eine Million Schwarze arbeitslos und vielerorts herrschte Armut. Jamaika war erst acht Jahre zuvor von Großbritannien in die Unabhängigkeit entlassen worden. Es war offensichtlich, dass die jamaikanische Bevölkerung die Amerikaner den Briten vorzog. Doch schon bald sollte ein Ressentiment gegenüber allen Touristen Einzug halten.

Während unseres Inselaufenthalts rief unser Manager aus Los Angeles an und sagte, dass für Jim ein Haftbefehl eingetroffen wäre. Ihm wurde – unglaublich, aber wahr – „unzüchtiges und laszives Verhalten" zur Last gelegt: Er sollte beim Konzert in Miami Oralsex simuliert und sich sittenwidrig zur Schau gestellt haben. Ich konnte die Vorwürfe schlichtweg nicht glauben. Ja, Jim war betrunken gewesen, aber wann soll er Oralsex simuliert haben? Am ehesten bezog sich das wohl auf jenen Augenblick, in dem sich Jim auf eines seiner Knie niedergelassen hatte, um Robbys Finger beim Gitarre spielen besser begutachten zu können. Robby spielte nicht mit einem Plektron, sondern zupfte stattdessen die Saiten mit seinen langen Fingernägeln, die er sich hatte wachsen lassen, um Flamenco spielen zu können. Seine Hand ähnelte einer Krabbe, die sich ihren Weg quer über die Saiten hinweg bahnte. Jim, der selbst kein Instrument spielte, war schlichtweg begeistert von Musikern. Auch ich konnte von Robbys Spieltechnik gar nicht genug bekommen.

Und wenn Jim seine Nudel wirklich aus der Hose gelüpft hatte, warum hatte man ihn nicht gleich vor Ort festgenommen? Warum, bitteschön, war die Polizei nach dem Konzert dann so freundlich gewesen? Jim hatte während des Konzerts einem Beamten, der für die Sicherheit zuständig war, seine Mütze vom Kopf geklaut und sie sich aufgesetzt. Die Cops waren hinter die Bühne gekommen und wir hatten sie für den Verlust entschädigt. Später erfuhren wir, dass ein paar Politiker offensichtlich versuchten, Jim als Beispiel für moralischen Verfall ans Messer zu liefern. Vielleicht steckte auch irgendeine rechtsrechte Verschwörung dahinter. Scheiß-Politik eben.

Vier Jahre später stattete ich Jamaika erneut einen Besuch ab, um dort mit The Butts Band, einer Gruppe, die Robby und ich zusammengestellt hatten, ins Studio zu gehen. Die drei verbliebenen Mitglieder der Doors hatten nach Jims Tod noch ein paar Alben eingespielt, doch nun war es endgültig vorbei. Unser Feuer war erloschen. Ray versuchte, eine Solokarriere anzuleiern, während Robby und ich frustriert herumsaßen, weil wir nicht mehr spielen konnten. Also gründeten wir einfach eine neue Combo. Wir nahmen gerade in London auf, als unser Bassist Phil Chen vorschlug, die Platte doch auf Jamaika fertigzustellen, damit er dort seine Eltern besuchen konnte. Phil war chinesischer Abstammung, doch auf Jamaika geboren. Sein Akzent war tatsächlich so überwältigend, dass ich ihn kaum verstehen konnte – obwohl wir ja beide Englisch sprachen. Reggae war im ärmlichen Londoner Vorort Brixton praktisch allgegenwärtig und Phil brachte uns diesen neuen Sound näher.

Wir verbrachten einen Monat auf Jamaika. Dieser Aufenthalt hat bei mir einen Eindruck hinterlassen, der noch bis heute anhält. Als wir aus dem Flugzeug stiegen, erwartete uns ein VW-Bus, der den Dynamic Sound Studios in Kingston gehörte. Auf einem der Sitze lag eine ganze Einkaufstüte mit Ganja und einer Flasche „Roots", die mit einer dunkelbraunen Flüssigkeit gefüllt war. Dabei handelte es sich um eine Mixtur aus weißem Rum, Gewürzen und Gott weiß, was sonst noch. Wir alle nahmen jeweils einen Schluck und verzogen unsere Gesichter, weil das Gebräu verdächtig nach flüssigem Düngemittel schmeckte. Die Jamaikaner lachten. Ihnen zufolge landeten viele Einheimische im Krankenhaus, weil sie sich zu viel von der Plörre gegönnt hatten.

Chris Blackwell, der Präsident von Island Records, ließ uns in Strawberry Hill, seiner Villa hoch oben in den Blue Mountains mit Ausblick auf Kingston, wohnen. Der Ausblick war tatsächlich bemerkenswert. Wir rauchten jede Menge Gras und starrten hinab auf den Betondschungel der Hauptstadt. Unser Bodyguard Maxie, den uns das Studio zugeteilt hatte, pflegte zu sagen, dass ich „nicht da" wäre, wenn ich stoned aussah. Das Studio war jedenfalls der Auffassung, dass wir einen ortsansässigen Begleiter benötigten, für den Fall, dass wir in Schwierigkeiten gerieten. Ebendieses Potenzial lag quasi in der Luft und war gut spürbar, als wir täglich durch Kingston fuhren und dabei die Shantytowns mit all den armen Leuten durchquerten.

Eine weitere Neuheit, die sich seit meinem letzten Besuch etabliert hatte, stach einem förmlich ins Auge. Ein paar der radikaleren Einheimischen hatten sich ihre krausen Haare langwachsen lassen und sich geschworen, nie wieder einen Kamm in die Hand zu nehmen. Dreadlocks. Rastafrisuren. Sobald man sich welche hatte wachsen lassen, gab es nur mehr einen Ausweg, um etwas daran zu ändern: den Griff zur Schere. Eine gute Portion Tapferkeit war somit Voraussetzung. Außerdem hatten sich diese Leute der Rastafari-Religion verschrieben, deren Anhänger in Afrika das „Gelobte Land" sahen und Marihuana als heiliges Sakrament konsumierten.

Die Rastas sahen auf den ersten Blick ein wenig unheimlich aus, aber sie verhielten sich uns Weißbroten gegenüber freundlich. Die Polizei hatte sie permanent auf dem Kieker. Die Haupteinnahmequelle der Rastas bestand darin, Gras zu verhökern, weshalb sie in den Fokus der Staatsgewalt rückten. Das erinnerte mich an die angespannte Lage zwischen Hippies und Cops in den USA in den 1960ern.

Eines Tages kam es im Studio zu einem großen Streit zwischen uns und einem aufstrebenden Reggae-Sänger namens Jimmy Cliff. Er verlangte, am frühen Nachmittag ins Studio zu gehen. Allerdings befanden wir uns da gerade bei der Arbeit. Er verhielt sich so feindselig, dass wir keine große Gegenwehr leisteten. Ich begegnete diesem Disput mit gemischten Gefühlen: Mir war klar, dass wir im Recht waren, doch brachte Cliff in diesem Moment die vielen Jahre der Unterdrückung und Frustration zum Ausdruck. So entlud sich sein Zorn eben gegen diese weißen Musiker, die nach Jamaika gereist waren, um dort aufzunehmen. Cliffs Musiker bezogen Stellung und wir sahen ihnen dabei zu, wie sie die Musik für einen Song namens „Fundamental Reggae" aufnahmen. Als sie zu grooven begannen, waren meine Vorbehalte schlagartig verpufft und ich schätzte mich glücklich, der Session beiwohnen zu dürfen.

Wir feierten eine wilde Sause auf Strawberry Hill und unser Bodyguard Maxie karrte seine sagenhafte Sammlung von 45er-Singles an. So bekamen wir praktisch die gesamte Musikhistorie der Insel auf einmal serviert. Bob Marley und seine Wailers sprachen mich besonders an. Bob war in der Lage, die gesamte Bandbreite menschlicher Emotionen zum Ausdruck zu bringen, von der Zartheit eines Songs wie „No Woman No Cry" bis hin zur Gier, die organisierte Religionen ausmacht, bei „Get Up, Stand Up". Marley attackierte unerschrocken den altmodischen Monotheismus, ohne dabei mit der Wimper zu zucken. Er sang „Get up, stand up, stand up for your right" mit einer solchen Überzeugung, dass er damit die Klingelbeutel, die die Schatztruhen der Kirchen befüllten, beben ließ. Die Butts Band nahm eine Coverversion dieser Nummer auf, bei der Rock und Reggae miteinander kombiniert wurden.

Als ich wieder zurück in Los Angeles war, besuchten mich eines Abends Kenny Edwards, der für Linda Ronstadt Bass spielte, und seine wunderbare Freundin Karla Bonoff, eine exzellente Songwriterin. Wir hörten uns Reggae-Platten an und palaverten stundenlang. Mein Rasta- und Reggae-Abenteuer hatte einen so starken Eindruck bei mir hinterlassen, dass ich sie mit meiner Begeisterung ansteckte. Später hatte Linda Ronstadt einen Riesen-Hit mit Jimmy Cliffs „Many Rivers to Cross", also nehme ich an, dass der Funke übergesprungen war!

„Nein, es heißt nicht ‚Reggie'", erklärte ich. „Man spricht es REGGAY aus." Ich erzählte meinen Gästen außerdem, dass Reggae-Bassisten auf eine sehr lockere Art spielten, so ähnlich wie man ein Solo anging. Dadurch eröffneten sich jede Menge Freiräume. Einem Gerücht zufolge hatte die für Reggae typische Offbeat-Phrasierung ihren Ursprung im schlechten Radioempfang auf der Insel. Angeblich dachten jamaikanische Musiker, nachdem sie amerikanischen Sendern gelauscht hatten, dass man so spielte. Das kann ich mir aber nicht vorstellen. Von Bob Marley stammt die Textzeile „playing a rhythm fighting against the system" – der Mann wusste genau, was er tat.

Der Sohn von Captain Norval Marley, der eine junge Jamaikanerin namens Cedalla Booker geheiratet hatte, war als Robert Nesta Marley im Haus seines Großvaters zur Welt gekommen. Ihm war schon klar, dass „no woman, no cry" schlechtes Englisch für „baby, don't cry" war, aber das war ja auch der springende Punkt. Es ging darum, am Status quo zu rütteln, so zu sprechen wie die Leute auf der Straße und neue Wege zu beschreiten. Marleys gewährte der ganzen Welt Einblick in sein einfühlsames Herz. Die Wailers benannten sich nach der wehklagenden Bevölkerung von Trenchtown.

Tatsächlich erfand Bob sogar eine ganz neue Sprache. Die „crazy baldheads" (Geschäftsleute) ruinierten den Planeten und verwandelten ihn in „Babylon". Er setzte bewusst auf Slang und „schlechte" Syntax, womit er eine große Wirkung erzielte. Mit den Rappern verhält es sich heute ähnlich: Wenn du eine starke Aussage platzieren willst, dann lässt sich der Punch noch einmal vervielfachen, indem man sie gut tarnt. Das zwingt den unwissenden Hörer dazu, die Botschaft, die durch einen innovativen Sprachgebrauch vermittelt wird, für sich selbst zu erschließen. Dieser subversive Ansatz kann auch dabei behilflich sein, eine radikale Message an den Mainstream zu senden. „Something's happening here / But you don't know what it is / Do you, Mr. Jones?", sang schon Bob Dylan Mitte der Sechzigerjahre.

Was uns Drummer hingegen verblüffte, war der offenbar „verdrehte" Beat des Reggae. Laut meinem wissenschaftlichen Idol Neil deGrasse Tyson ist die Sprache des Universums die Mathematik. Sie ist allerdings auch die Sprache der Musik. Notenschrift ist nichts anderes als Mathematik. Die Zutat, die das Ganze in Musik verwandelt, manifestiert sich im Feeling, das man zwischen die Zahlen einfließen lässt. In der Regel schlägt man bei einem Rock'n'Roll-Groove im 4/4-Takt die Bassdrum auf dem ersten und dritten Beat.

Im Reggae erfolgt dies auf dem zweiten und vierten Beat. Wenn man einen Fill spielt, um damit das Ende einer Passage zu betonen, tritt man im Anschluss direkt auf der Eins ordentlich auf die Bassdrum, um den Beginn eines neuen Takts zu betonen. Reggae-Drummer warten damit noch einen Beat und akzentuieren Beat Numero zwo. Das war eine große Sache. Der Schlagzeuger der Wailers, Carlton Barrett, war ein Meister dieses Stils, der als One-Drop-Rhythm Bekanntheit erlangte. Er lockerte die Schnarrsaiten („Snare-Teppich") unter seiner Snare, spannte das Fell und schlug die Trommel wie eine Timbale, eine lateinamerikanische Trommel, wodurch ein absolut einmaliger Sound entstand.

Der charakteristische Gitarren-Rhythmus des Reggae ergibt sich aus dem überaus großzügigen Gebrauch von Echo, was sich zufälligerweise im Studio ergeben hatte. Vermutlich gibt es gar keine Zufälle – oder man schafft ausreichend Freiraum für sie und man lässt sich von seinen eigenen Fehlern einfach anleiten. Wie schon Miles sagte: „Erst die zweite Note entscheidet darüber, ob die erste gut oder schlecht war."

Sechs Monate später sah ich in der Zeitung zuhause in Los Angeles, dass The Wailing Wailers im Vorprogramm von Cheech and Chong im Roxy auftraten. Handelte es sich etwa um jene Wailers, die ich auf Jamaika auf Schallplatte gehört hatte? Die Wailers bestehend aus Bob Marley, Peter Tosh und den Gebrüdern Barrett, der aller-*tightesten* Rhythmus-Combo im Reggae? Wie sich herausstellte, war dem so. Mir war sofort klar, dass das ein spezieller Abend werden würde.

Bob und seine Band standen im Programm nur an zweiter Stelle, da Reggae in den USA noch keinerlei Zugkraft besaß. Zwar kreuzten Chris Blackwell und Kenny Edwards auf, aber sonst niemand, den ich kannte. Die Hütte war voll, aber die Leute waren nicht wegen der Reggae-Band gekommen. Und überhaupt: Wer oder was war denn, bitteschön, Reggae? Ich bezweifelte, dass genug Leute, die ursprünglich von den westindischen Inseln stammten, in Südkalifornien ansässig waren und Reggae gut fanden, wie das etwa in London oder an der amerikanischen Ostküste der Fall war.

Als der Vorhang langsam hochgezogen wurde, erklang auch schon der urwüchsig-verdrehte Beat. Marley kniete auf einer Seite der Bühne und schlug eine enorme Bassdrum. Seine Darbietung war im Vergleich zu dem, was er ein Jahr später auf der Bühne abziehen sollte, fast ein wenig verhalten. Dennoch sah ich ihm ganz gebannt zu.

Auf dem oberen Rang sah ich einen schwarzen Typen, der irgendwie verwirrt dreinblickte und wohl versuchte, auf die Reihe zu bringen, wo genau sich der Beat befand. Hier handelte es sich weder um Funk noch um Soul. Ein echter Kulturschock! Garantiert war der „Brother" auf der Galerie auch angesichts der Dreadlocks verblüfft. Der Junge mit dem imposanten Afro war nämlich eigentlich gekommen, um den Kiffer-Humor des hispanisch-chinesisch-stämmigen Duos aus Kanada zu feiern. Nun fühlte er sich überfordert, zum seltsam-verdrehten Reggae-Groove zu tanzen.

Wir sind alle verwirrt, wenn ein Künstler etwas vollführt, was seiner Zeit so weit voraus ist. Dylan etwa hat uns viele, viele Male mit seinen genialen künstlerischen Quantensprüngen vor den Kopf gestoßen – immer ohne Sicherungsnetz und immer als Vorreiter seiner Zunft.

Im Anschluss begab ich mich hinter die Bühne, weil mir Blackwell zugeflüstert hatte, dass Marley die Version der Butts Band von „Get Up, Stand Up" gefiel. Die Garderobentür stand offen, aber der Ganja-Nebel war so dick, dass es sich anfühlte, als müsste ich eine echte Barriere durchbrechen, um zur Band durchzudringen. Die Jungs sahen mich an, als dächten sie sich: *Was zum Geier will denn der weiße Typ hier?* Marley wusste aber, dass ich Mitglied jener Rockband war, die seinen Song gecovert hatte, und nickte mir freundlich zu. Das war ein Jahr vor Eric Claptons Version von „I Shot the Sheriff". Ich suchte schon bald wieder das Weite.

Die nächsten beiden Male, als ich die Gruppe im Roxy sah, waren sie bereits zur Hauptattraktion des Abends befördert worden. Das erste Konzert war unfassbar gut. Wie unsere Köchin auf Jamaika schien auch Marley ganz in der Musik aufzugehen, wenn er sich dazu bewegte. (Darin ähnelt ihm auch der geniale Gustavo Dudamel, wenn er die Philharmoniker in Los Angeles dirigiert: Sein ganzer Körper scheint vom Sound ergriffen zu sein.) Die Bude war ausverkauft und Marley brachte die Leute dazu, auf den Tischen zu tanzen. Beim zweiten Mal spielte die Gruppe ein wenig unrund. Mein Idol war offenbar auch nur ein Mensch. Im Anschluss an dieses Engagement wollte die Gruppe den Sprung wagen, vor größerem Publikum aufzutreten. Ich wusste, dass ihnen das gelingen würde.

Ihr neues Massenpublikum in den USA bestand in erster Linie aus weißen Kids. Die Wailers gewannen sie im Handumdrehen für sich. Wie Jimi Hendrix war es auch Marley ein Anliegen, die schwarze Hörerschaft in Amerika zu erreichen, doch blieb ihm dies im größeren Rahmen zu Lebzeiten verwehrt. Vermutlich waren sowohl Hendrix' als auch Marleys Schaffen zu allumfassend, um sich in eine einzige Kategorie einordnen zu lassen. Zum Beispiel spielten The Police einen unglaublichen, von Reggae beeinflussten Rock-Groove, wozu vor allem ihr Schlagzeuger Stewart Copeland beitrug. Mit der Zeit entdeckten „people of color" die Songtexte Marleys für sich. Sie realisierten, dass er zu den Ersten gehörte, die den Kampf gegen die Unterdrückung führten.

Ich begeistere mich seit jeher für politische Inhalte in der Kunst, weshalb sich meine Bewunderung für Marley noch einmal verdoppelte, als ich hörte, dass er nach einem Attentat auf sein Leben, das sich vor einem seiner Konzerte zugetragen hatte, es irgendwie schaffte, auf die Bühne zu gehen und zu spielen. Später schrieb er „Ambush in the Night". Darin betonte er, dass „alle Knarren" auf ihn gerichtet wären. Wiederum einige Jahre später hörte ich, dass Marley wegen Krebs im Krankenhaus behandelt wurde. Ich fragte mich, ob das vielleicht damit zu tun hatte, dass er unablässig dem heiligen Sakrament seiner Religion gefrönt hatte. Eigentlich schenkte ich dieser Nachricht nicht allzu viel Aufmerksamkeit, weil ich annahm, dass es sich eventuell bloß um ein Gerücht handelte. Schließlich konnte ich mir Bob Marley einfach nicht krank vorstellen. Er wirkte unverwundbar.

Ich frühstückte gerade in einem Café, als ich die Schlagzeile erspähte: „Bob Marley tot!" Ich war schockiert. Immerhin hatte ich keine Ahnung gehabt, dass seine Erkrankung so ernst war. Es stellte sich heraus, dass er an einem Zeh Hautkrebs hatte, der zu lange unbehandelt blieb und sich letztlich ausbreitete. Er war erst 36. Ebenso alt wie ich damals.

Keiner aus meinem Umfeld hatte auch nur den blassesten Schimmer, dass die musikalische – und auch humanitäre – Urgewalt verstorben war. Ich stieg in mein Auto und legte ein Wailers-Tape ein. Es ging mitten in einer Strophe eines Songs mit dem Titel „Burnin' and Lootin'" los: „How many rivers do we have to cross, / Before we can talk to the boss?" Da dachte ich, dass Marley nun endlich den Rastafari-Gott Jah treffen würde.

Der nächste Song war „Rasta Man Chant", der der erste Song gewesen war, den ich ihn jemals spielen gesehen hatte, damals im Roxy in Los Angeles. Die letzte Strophe lautet: „One bright morning when my work is over, man will fly away home." Bob Marley ist zwar heimgekehrt, doch sein Geist wird noch lange hier in Babylon zu spüren sein.

XIV.

Airto Moreira

Ein rhythmischer Heiler

Die Hände wissen mehr als der Kopf.

Airto Moreira, der einer Familie traditioneller brasilianischer Heilpraktiker entstammt, zeigte schon sehr früh sein enormes musikalisches Talent. Im Alter von sechs Jahren bot man ihm bereits eine eigene Radioshow an. Mit 13 wurde er von einer Band gefragt, ob er nicht Lust hätte, für ihren Drummer einzuspringen, wann immer dieser nicht zur Verfügung stünde. Er wollte es versuchen, da er immerhin schon über jahrelange Erfahrung mit Hand-Percussion verfügte. Er verstand es zu überzeugen und betätigte sich schon bald als Straßenmusiker.

Nachdem er nach New York City gezogen war, kam Airto in Kontakt mit dem größten Jazztrompeter aller Zeiten: Miles Davis. Zusammen mit anderen zukünftigen Jazz-Größen wie Keith Jarrett und Chick Corea kreierten sie ein Genre, das als „Jazz-Fusion" bezeichnet wurde.

Moreira war beteiligt an der Entstehung des Jazz-Meilensteins *Bitches Brew* im Jahr 1970. Damals hatte ich das Glück, dieses Ensemble live zu sehen – und was für ein raffiniertes Gebräu es war, das sie da auftischten! Miles gab sich ganz unnahbar, wie sonst auch, während seine Band ein musikalisches Feuerwerk entfesselte. Im Anschluss an die Show kam ein übermäßig enthusiasmierter Musikkritiker im Backstage-Bereich angesichts dessen musikalischer Darbietung gegenüber

Miles aus dem Schwärmen gar nicht mehr heraus. Bis es Miles reichte und er ihn anfuhr: „Mir ist es egal, wie ich gespielt habe … sag mir lieber, wie ich ausgesehen habe!“ Das erinnerte mich an die Antworten, die Bob Dylan für Journalisten parat hatte.

Nachdem er Miles den Rücken zugekehrt hatte, schloss sich Airto Weather Report an, mit denen er mehrere wichtige Alben aufnahm und regelmäßig auf Welttournee ging. Bruce Botnick, der langjährige Studiotechniker der Doors, berichtete mir von den Studiosessions zu diesen Alben und gewährte mir so Einblick in den Arbeitsprozess. Als sie einmal einen Take abgeschlossen hatten, erkundigte sich Bruce beim nicht unbedingt als bescheiden verschrienen Joe Zawinul, ob sie noch einen weiteren in Angriff nehmen wollten. „Ja, spinnst du denn? Bruce, wir sind Weather Report. Wir brauchen nur einen Take!“, lautete seine Antwort. Das war zweifellos sehr arrogant, aber sie waren tatsächlich die Besten.

Airto wechselte dann zu Chick Coreas Combo Return to Forever, die ebenfalls eine vitale Rolle in der Welt des Fusion-Jazz spielte. 1974 gründete Airto schließlich seine eigene Gruppe mit seiner Landsfrau Flora Purim. Gemeinsam nahmen sie zahlreiche Alben für große Plattenfirmen auf. Ich besuchte eines ihrer Konzerte im Whisky, wo wir uns mit den Doors viele Jahre zuvor als Hausband verdingt hatten.

Wenn Airto auf der Bühne steht, umringen ihn Percussion-Instrumente, die an Artefakte aus dem Regenwald erinnern. Manchmal klingen sie auch genau so. Er besitzt Perscussion-Instrumente aus der ganzen Welt. Seine Kreativität scheint keine Grenzen zu kennen. Airto griff sich bloß eines seiner Instrumente, ein Pandeiro – eine Art Tamburin. Darauf spielte er eine zehnminütige Sinfonie von solch musikalischer Brillanz, die mich und das Publikum das komplette Spektrum menschlicher Emotionen durchleben ließ.

Der renommierte Architekt Frank Gehry sagt, dass Musiker und Architekten einander ähneln. „In der Architektur geht es darum, mit trägen Materialien Gefühle hervorzurufen. Bei der Musik entstehen Meisterwerke mithilfe räumlicher Klangumgebungen.“

Mittels seiner genialen Handarbeit – begleitet von seinen schamanischen Rufen und Grunzlauten, mit denen er sich selbst anzutreiben schien – beschwor Airto eine Art Séance herauf wie ein Hypnotiseur. Noch einmal zu Herrn Gehry: „Wenn man ein Gebäude entwirft, versucht man ein Gefühl zu kreieren. Auch Musiker und Komponisten sprechen davon, ein Feeling erschaffen zu wollen." Airto startete langsam, spann ein Sound-Gewebe, in dem man sich prompt verfing. Aus seinem Netz gab es kein Entkommen. Als nächstes führte er einen durch sämtliche Emotionen eines Karnevals in Rio, bevor er einen wieder nachhause geleitete.

Sein Gehör ist so eingestellt, dass er immer den exakt richtigen Ton zum rechten Augenblick spielt. Deshalb ist er auch für viele Produzenten, Bandleader und Songwriter die erste Wahl. Quincy Jones, Herbie Hancock, Paul Simon, Carlos Santana, Gil Evans, Chicago und die Grateful Dead wussten alle, dass sie nichts falschmachen konnten, wenn sie Moreira etwas zu ihren Kompositionen beitragen ließen. Auch Komponisten von Filmmusik wussten, was sie an Airto hatten. So trug er Musik zu Filmen wie *Der Exorzist*, *Der letzte Tango in Paris* und *Apocalypse Now* bei. Francis Ford Coppola hat bei letzterem auch sehr effektiv die Musik der Doors einzusetzen gewusst.

Airtos Filmarbeit repräsentierte nur einen kleinen Ausschnitt aus seinem musikalischen Schaffen der letzten vier Jahrzehnte. Tatsächlich war Airtos Einfluss so groß, dass das Magazin *Downbeat* die Kategorie „Percussion" in seiner jährlichen Leser- und Kritikerumfrage etablierte. Seit 1973 konnte er sich gleich 20-mal die Krone aufsetzen. Alles in allem ist Airto schlichtweg der weltbeste lebende Percussion-Künstler. 2002 zeichnete der brasilianische Präsident Airto und Flora mit dem Rio-Branco-Orden aus, der zu den höchsten Würden des Landes zählt.

Nun gut, das war jetzt ein unfassbar beeindruckender Lebenslauf, nicht wahr? Doch was ich so richtig eindrucksvoll an diesem Mann finde, ist seine Seele. Klar, er kommt ja auch aus einem Land, das einen unglaublich beseelten Eindruck macht. In Brasilien sieht man viele Leute, die die Straße mit einem Liedchen auf den Lippen hinunterspazieren und sich des Lebens erfreuen. Doch einfach jeder, der mit diesem Mann gearbeitet hat, liebt diesen Typen, weil er Liebe auszustrahlen scheint. Ich wurde Zeuge, wie er zusammen mit einem geistig beeinträchtigten Jugendlichen im Rahmen einer Benefizveranstaltung musizierte. Es war magisch. Da er ein so offenherziger Mann ist, fand Airto sofort einen Draht zu diesem Jungen. Die beiden schwelgten in der Welt des Klangs und heilten einander, indem sie eine musikalische Unterhaltung führten. Moreira gab eine Phrase vor, woraufhin sein neuer Partner eine passende Antwort folgen ließ. Ganz offensichtlich war das Publikum schwer begeistert, an dieser Konversation teilhaben zu dürfen, weil jeder Einzelne besonders aufmerksam zu lauschen schien. Das Einfühlungsvermögen und die Geduld, die der Meister dem Jugendlichen entgegenbrachte, wirkten absolut bezaubernd. Die beiden spielten großartige Musik zusammen.

Von Airto habe ich gelernt, dass ein extremer Fokus und der perfekte Beat an der richtigen Stelle genauso viel bringen wie eine auffällige technische Einlage. Eine einzelne Note kann die Musik ebenso sehr bereichern wie einhundert davon, wenn man sie im passenden Augenblick spielt. Ich sah erst unlängst einen Auftritt Airtos. Ihm waren gerade nicht nur ein, sondern gleich zwei künstliche Hüftgelenke eingesetzt worden. Er konnte nicht mehr Treppen steigen und hing bucklig auf seinem Hocker, aber so wie Ravi Shankar überwand er, sobald er spielte, alle seine Schmerzen. Nach seinem letzten Set drückte er mir die Hand und wir unterhielten uns über *Apocalypse Now*. Er zitterte, seine Hand bebte förmlich aufgrund eines ausgeprägten Tremors. Dann griff er sich ein Schlaginstrument, das ihm ein Freund von mir an diesem Abend überreicht hatte. Plötzlich nahmen seine Finger Tempo auf und schienen richtiggehend zu erwachen. Er hatte sein ganzes Leben damit verbracht, seine virtuosen Hände zu trainieren. Diese Hände wurden von einer Intelligenz abseits seines Körpers – abseits von uns allen – gesteuert und es wirkte, als ob er eine Art allumfassende Energie anzapfte. Airtos Hände channelten den Kosmos, um uns allen ein Geschenk zukommen zu lassen. Das Geschenk des Sounds.

Vielleicht war es ihm ja gelungen, die Quelle des Sounds ausfindig und nutzbar zu machen. Den Ursprung des ersten Klangs. Ich will jetzt nicht allzu biblisch werden, aber am Anfang war das Nichts – und dann ertönte ein Klang. Ob das der Klang des Urknalls war oder der Schöpfer mit den Fingern schnippte, weiß ich nicht, aber ganz am Anfang stand der Sound. Airto vereint in sich alle Perkussionisten, die jemals gelebt haben. Einige seiner Instrumente sind uralt und die Schallwellen, die sie aussenden, vermitteln einem etwas Historisches. Man kann ihr Alter fühlen. Wenn er darauf spielt, fördert er etwas sehr Altes, Tiefgründiges und Urwüchsiges aus unserer Psyche zutage.

Es ist ein großer Segen, dass dieser Mann immer noch unter uns weilt und seine Magie mit uns teilt. Es war mir eine große Ehre, ein wenig Zeit mit ihm zu verbringen. Wer glaubt, dass ich in Bezug auf ihn übertreibe, soll sich doch bitte Moreiras Auftritt beim *Modern Drummer Festival* 2003 auf YouTube zu Gemüte führen. Das sollte jeden überzeugen.

XV.
Jerry Lee Lewis

Der Killer

Leidenschaft ist der Schlüssel zur Kreativität.

Als ich noch ein Junge war, konnte ich gar nicht genug von Jerry Lee Lewis' Boogie-Woogie-Piano bekommen. Ich hörte mir immer und immer wieder „Great Balls of Fire" an, obwohl ich keine Ahnung hatte, was der Songtext bedeutete. Ich wusste natürlich, dass er einen sexuellen Hintergrund hatte, aber die konkrete Aussage blieb mir verborgen. Außerdem wusste ich, dass „Whole Lotta Shakin' Goin' On" davon handelte, es miteinander zu treiben.

Aber sollte „Great Balls of Fire" etwa heißen, dass seine Freundin ein Streichholz unter seinen Eiern angezündet hatte? Was mich aber schon als 13-Jährigen von den Socken haute, war die Energie, die Jerry Lees Platten besaßen. Sie vermittelten mir das Gefühl, gerade ein paar Tassen starken Kaffee getrunken zu haben – und dabei war ich noch zu jung für solche verruchten Stimulanzien. Es war schier unmöglich, sich die Mucke dieses Mannes aus Ferriday, Louisiana, anzuhören und dabei stillzusitzen. Der Körper wollte es einem nicht gestatten, einfach reglos auf einem Stuhl zu verharren.

Irgendwann sah ich endlich einen Clip von Jerry Lee Lewis live und war total geplättet. Lewis hämmerte gelegentlich mit seinem Fersenabsatz gegen die Tasten, oder kickte seinen Hocker zur Seite, um dann im Stehen weiter zu rocken. Es wirkte, als würde er sich gleich die Finger brechen, wenn er die 88 Tasten seines Klaviers auf und ab jagte. Er muss ordentlich Hornhaut auf all seinen Fingern gehabt haben, so wie er von den tiefen zu den hohen Tönen und wieder zurück glitt. Als wären seine Finger aus Holz und nicht aus Fleisch. Wenn er sich herumdrehte, ließ er sich mit dem Hintern auf seine Tastatur plumpsen, blieb dabei aber im Takt, als würde er ein Percussion-Instrument spielen.

All diese Mätzchen gefielen mir als jungem Teenager überaus gut, aber später, als ich selbst Musiker war, begriff ich erst, dass diese Einlagen fürs Publikum niemals auf Kosten seiner Musikalität gingen. So wie seine Zeitgenossen Little Richard und Chuck Berry war Jerry Lee schon immer ein Showman und Entertainer. Nicht dass er etwa ein Blender gewesen wäre. Sein Schaffen verfügt über großartige Substanz, aber er ist auch sehr gut darin, seine Darbietung zu verkaufen.

In letzter Zeit werde auch ich immer wieder als Legende bezeichnet – vermutlich, weil ich schon so alt bin. Aber es stimmt schon, dass ich noch immer in der Lage bin, eine Show abzuziehen. Letztlich ist doch jede Art von Kunst ein bisschen eine Schwindelei, oder? Mit einem Song kann man kein Auto reparieren. Ein leckes Abflussrohr lässt sich auch nur ganz schwer mit einem Gemälde stopfen. Kunst ist eine Art Taschenspielertrick. Sie ähnelt einer Séance, die, wenn sie richtig durchgeführt wird, Menschen inspirieren und beseelen kann. Es ist nicht leicht, es zu erklären, aber Kunst scheint Menschen so sehr zu beeinflussen, dass manche sogar bereit sind, für sie zu sterben. Tatsächlich sind auch heute noch gewisse Regime gewillt, Liedermacher umzubringen, wenn sie sich von einer subversiven Botschaft eines Songs bedroht sehen, um zu verhindern, dass sie die Menschen weiterhin inspirieren.

Jerry Lee hatte einige große Hits im Repertoire, doch leider schlich sich die Leidenschaft, die er in seiner Musik zum Ausdruck brachte, auch in sein Privatleben ein und er heiratete seine 13 Jahre alte Cousine. Ein regelrechtes PR-Desaster! Seine Karriere legte daraufhin eine veritable Bruchlandung hin. Erst Jahre später fing er sich wieder und feierte ein Comeback als Country-Interpret. Zu jener Zeit kreuzten sich dann seine und unsere Wege.

Die Doors waren mittlerweile groß genug, um bestimmen zu dürfen, wer bei ihnen im Vorprogramm spielte. So wie die Rolling Stones der Blues-Größe B. B. King die Ehre erwiesen, indem sie ihn als Anheizer für ihre Show buchten, wollten auch wir den Rock'n'Rollern der 1950er unseren Respekt dafür zollen, dass sie uns angefixt und Pionierarbeit für das Genre geleistet hatten.

Einige Monate zuvor war unser Versuch, einen alten Haudegen, den wir alle verehrten, im Rahmen eines Gigs in der Hollywood Bowl auftreten zu lassen, fehlgeschlagen. Da wir alle den Song „I Walk the Line" liebten, schlugen wir Johnny Cash, der der jüngeren Generation nicht sonderlich geläufig war, als unseren Opener vor. In Musikerkreisen wusste jeder, was für ein begnadeter Künstler er war, aber das war noch vor seiner Fernsehshow und die breite Masse hatte ihn noch nicht auf dem Radar. Anscheinend traf dies auch auf die Veranstalter zu, weil ihre Antwort auf unseren Vorschlag lautete, dass sie keinen Ex-Knacki buchen wollten: „Er ist schließlich ein Ganove!"

Als wir im 18.000 Konzertbesucher fassenden Forum in Inglewood auftraten, nahmen wir einen neuerlichen Anlauf. „Touch Me" hatte in Windeseile die Spitze der Charts erklommen, weshalb unser Einfluss nun noch größer war. Der Veranstalter erlaubte uns daher, Jerry Lee Lewis als Anheizer für unsere Show ins Programm zu nehmen. Er behauptete, niemand würde wissen, wer Jerry Lee wäre, aber wir ignorierten diesen Kommentar. Auch in meinem Buch *Mein Leben mit Jim Morrison und den Doors* gehe ich auf diese Anekdote ein: „Man sagte, er würde keine Leute mehr anlocken, aber uns kümmerte das nicht. Man sagte auch, dass er zur Zeit nur Country-Musik spielen würde, aber auch das kümmerte uns nicht." Tatsächlich beauftragten wir einen unserer Manager, seinem Manager vorzuschlagen, doch ein paar seiner alten Rock-Hits zu spielen, da er damit beim Publikum besser ankommen würde.

Beim Soundcheck trafen wir endlich persönlich auf den „Killer". Er war bekannt dafür, sich während seiner Show, zwischen einzelnen Noten auf seinem Klavier, die Haare aus dem Gesicht zu kämmen – und siehe da, ehe ich mich versah, zückte er seinen schwarzen Kamm aus seiner Gesäßtasche und brachte erst einmal Ordnung in seine Haarsträhnen, bevor er meine Hand schüttelte. Was für ein Showman! Wie ich in *Mein Leben mit Jim Morrison und den Doors* schrieb:

> Seine Band kam ohne eigene Instrumente zum Auftritt.
> „Können sich meine Jungs dein Schlagzeug ausborgen?"
> „Klar, Jerry Lee", schmunzelte ich.
> Er wandte sich an Robby: „Können wir eine Gitarre leihen?"
> „Was für eine Gitarre wollt ihr? Ich habe mehrere."
> „Irgend 'ne alte Fenderklampfe."

Jerry spielte nicht nur eine Handvoll seiner Hits, um dem Publikum entgegenzukommen, sondern bestritt gleich ein ganzes Set mit alten Gassenhauern. Leider schrien ein paar Groupies lauthals nach Jim und den Doors während der Show des Killers. Allzu oft ist den Fans nicht klar, dass Musiker solche älteren Acts verehren. Wir liebten ihre Kunst und erlernten unser eigenes Handwerk, indem wir ihr Schaffen genau studierten.

Künstler sind auch nicht die Einzigen, die diesen Ansatz verfolgen. Die jungen Leute in den 1960ern wurden von ihren Eltern hinsichtlich des Vietnamkriegs nach Strich und Faden belogen. Deshalb hören diese Vertreter meiner Generation, die später selbst Eltern wurden, ein wenig mehr auf ihre Kinder – und wenn sie uns Gehör schenkten, versuchten wir, sie davon zu überzeugen, keinen weiteren Krieg zu unterstützen.

Jerry Lee schienen die Pfiffe nichts auszumachen. Vielmehr wirkte er, als würde er die Konfrontation mit den Zwischenrufern genießen. Zum Abschluss seines Sets sprang der Killer auf seinen Flügel und hielt eine Abschiedsrede: „Denjenigen unter euch, denen meine Show gefallen hat, möchte ich zurufen: Gott schütze euch! Und dem Rest wünsche ich einen Herzanfall!" Als er von der Bühne kam, entschuldigten wir uns für die Zwischenrufe und machten ihm Komplimente.

Jerry Lee hatte offenbar großen Spaß gehabt. Die Auseinandersetzung mit Teilen des Publikums hatte ihm nichts ausgemacht. Wer sich mit Jerry Lee Lewis anlegen will, muss schon verdammt früh aufstehen. Man muss schon auf der Hut sein: Er ist ein wirklich ausgeschlafener Kerl und hat immer den perfekten Konter parat. Ich war jedenfalls sehr zufrieden, dass wir einen Rückblick auf die Wurzeln des Rock'n'Roll initiiert hatten. Es war uns eine Riesenehre, ein wenig Zeit mit jemandem zu verbringen, der wiederum mit Elvis und Chuck Berry abgehangen hatte.

Als ich ein Junge war, sprach mich vor allem Jerry Lees Dynamik an. Rund um die Textzeile „wiggle around just a little bit" bei „Whole Lotta Shakin'" gab er sich ganz sanftmütig, um den Hörer für sich zu vereinnahmen und ein wenig einzulullen, bevor er im letzten Refrain so richtig Stoff gab. Ich ließ das alles auf mich wirken, ohne zu wissen, dass ich später bei „The End" selbst ganz zart und sanft spielen würde, um in der finalen Passage noch einmal ordentlich aufs Gaspedal zu steigen. Die Dynamik in der klassischen Musik zeigt dieselbe Wirkung auf mich. Es fühlte sich sehr emotional an, alles geboten zu bekommen, sowohl laut und temperamentvoll als auch leise und sanft.

Jerry Lees Musik bedient sich aller Schattierungen der menschlichen Gefühlspalette. Sie vermittelt einem so viel Energie, dass man sich unmittelbar in eine kreative Stimmung versetzt fühlt und selbst loslegen will! Jerry Lee Lewis zählt definitiv zum erlauchten Kreis meiner Lehrer an der „School of Rock" – und auch ihr könnt eine Menge von ihm lernen. Der Killer „killte" mich und er kann auch euch „killen", wenn ihr es nur zulasst.

XVI.

Joseph Campbell

Die Heldenreise

Freudvolle Anteilnahme am Leiden der Welt.

Zugegeben, Joseph Campbell ist eigentlich kein Musiker. Falls man aber, wie ich schon vorgeschlagen habe, jeden geschriebenen Satz als eine Art musikalische Sequenz verstehen möchte, dann ergibt Campbells Schreibe in Summe eine Sinfonie.

Ich kannte ihn nicht gut genug, um ihn Joe nennen zu dürfen, anders als etwa mein Freund Phil Cousineau, der das Buch zum Film *The Hero's Journey*, eine Doku über Campbells Lebens, als Lektor betreute. Meine erste Begegnung mit dem Mann, der George Lucas dazu inspirierte, *Star Wars* zu schreiben, ereignete sich am Jung Institute in West Los Angeles, wo Campbell einen Diavortrag hielt. Obwohl ich *Der Heros in tausend Gestalten* bereits gelesen hatte, war ich noch ein Neuling in der Welt der Mythologie. Mir war auf jeden Fall nicht bewusst, dass ich hier auf einen Lehrmeister treffen würde, der meine Spiritualität im großen Stil befeuern sollte.

Was mir von Campbells Vortrag im Gedächtnis hängenblieb, war, dass zwischen den Religionen der Welt etliche Ähnlichkeiten existieren. Das war noch in der alten Zeit, bevor uns das Internet als globales Dorf miteinander verband. Wie kam es nun zu all diesen inhaltlichen Überschneidungen? Nun, Mr. Campbell deutete an, dass die Mythen der Welt vielleicht deshalb so viel miteinander gemein hatten, weil sie der Wahrheit entsprachen. Vielleicht wohnen den

Mythologien einfach Themen inne, die uns alle miteinander verbinden. Immerhin existieren solche Verbindungen ja auch in der Welt der Biologie. Bei der jährlich stattfindenden Bioneers-Konferenz hörte ich ein Referat des Pilz- und Sporenforschers Paul Stamets über ein unterirdisches mykologisches Netzwerk, das den ganzen Planeten umspannt. Unter unseren Füßen verläuft sozusagen der Datenhighway der Pilze. Um es mit dem Motto dieser Konferenz zu sagen: „Alles ist lebendig, alles ist miteinander verbunden, alles ist intelligent, alles ist mit uns verwandt."

Als ich noch ein Kind war, fragte ich meine Eltern, warum es so viele Religionen gäbe, wenn nur ein Gott existierte. Meine Mom, die jeden Sonntag die Messe besuchte, sagte, dass es zwar viele wunderbare Religionen gab, aber einen nicht alle in den Himmel brächten. Damals war ich noch sehr jung und sie änderte später ihre Meinung. Dennoch erklärt diese frühe Erfahrung vielleicht, warum viele meiner Freunde Juden sind. Offenbar entwickelte ich nämlich ein Faible für Außenseiter, und die Juden sind immerhin das auserwählte Volk Gottes. Abseits des Mainstreams verbirgt sich oft viel Weisheit.

„Joe" konnte sämtliche Glaubensrichtungen aufzählen und einem erklären, wie die einzelnen Gottheiten entstanden waren. Obwohl er sich der Parallelen zwischen den Religionen bewusst war, war Mr. Campbell so wie Mom ein frommer Katholik. Auch ein anderer Experte in vergleichenden Religionswissenschaften, Huston Smith, war der Meinung, dass man einem traditionellen Glauben folgen sollte, um seiner Psyche Halt zu geben. Obwohl der wertgeschätzte Mr. Smith gemeinsam mit Leuten wie Ram Dass und Aldous Huxley dem LSD frönte, blieb er seinem christlichen Glauben treu. Nachdem ich mithilfe von psychedelischen Drogen selbst Erfahrungen mit der Quantenwelt gemacht hatte, fand ich, dass Religionen aus der Zeit gefallen waren. Trotzdem bin ich ein wenig neidisch auf meine Mom, Joseph Campbell und Huston Smith, die in den Armen von Jesus Sicherheit und Geborgenheit fanden. Ich schaffe es nur nicht, ihn als meinen Retter zu akzeptieren. Als Musiker weiß ich, dass Jesus definitiv die Qualitäten eines Leadsängers in sich vereint. Buddha sitzt zweifellos am Schlagzeug. Allah wiederum spielt vermutlich voller Inbrunst die Leadgitarre.

Ich möchte mich auch gar nicht über all diese Visionäre lustig machen. Tatsächlich bediene ich mich bei allen großen Religionen der Welt. Das lässt sich mit meiner Vorliebe für Weltmusik vergleichen, die mir die Sounds unterschiedlicher Kulturen näherbringt. Selbst wenn ich die Sprache, in der da gesungen wird, nicht verstehe, begreife ich dennoch die Essenz der jeweiligen Kultur. Die hinduistischen Gottheiten mit ihren vielen Armen und Beinen, die Eifersucht, Zorn, Sex und dergleichen verkörpern, haben mir gezeigt, dass ich nicht verrückt bin, bloß weil ich ebendiese Dinge fühle. Ich empfinde die Ähnlichkeiten zwischen den Glaubenssystemen zwar als beruhigend, doch letzten Endes bevorzuge ich eine bunt zusammengewürfelte Kosmologie.

Ich habe gehört, dass Campbell einmal zu einem Konzert von Grateful Dead mitgenommen wurde und eine gewisse Magie darin erkannte, obwohl er einmal gesagt hatte, dass Rock ihn nie angesprochen hätte. „Sie vermitteln eine Menschlichkeit“, erklärte er, „die ein großes Zusammengehörigkeitsgefühl erschafft.“ Ich bin mir nicht sicher, ob Mr. Campbell bewusst war, in welch rauen Mengen bei diesen Konzerten Drogen konsumiert wurden, doch ich stimme mit ihm überein, wenn er sagt, dass „dieser Weckruf der geteilten Menschlichkeit ein ganz anderes Rhythmussystem repräsentiert als etwa die Klänge von ‚Vorwärts Christi Streiter‘“ …

Ich kann es gut nachempfinden, wenn der Autor Tom Robbins sagt, dass Campbells Schriften den Grillspieß über seinem kognitiven Barbecue zum Rotieren brachten. Ich besuchte auch einmal eine Joseph-Campbell-Konferenz am Esalen Institute im kalifornischen Big Sur und durfte etwas Zeit mit ihm verbringen. Im Speisesaal umringten etliche Groupies aller Altersklassen Joe, und er verzauberte alle mit seinen Anekdoten hinsichtlich seiner Lektüre und Reisen. Der umjubelte Mythologe verkündete, dass der monotheistische Mythos in Auflösung begriffen sei, aber vielleicht noch ein paar Jahrhunderte vergehen müssten, bevor sich ein neuer Mythos vollkommen etabliert hätte. Zum selben Thema äußerte sich auch der Dalai Lama: „Ich glaube von ganzem Herzen, dass wir alle zusammen zu einer neuen Form der Spiritualität finden müssen. Dieses neue Konzept muss neben den bestehenden Religionen entwickelt werden, und zwar auf eine Weise, dass sich jeder, der guten Willens ist, damit anfreunden kann." Campbell ist der Auffassung, dass dieser neue Mythos letztendlich den alten ablösen wird.

Es ist schon interessant, dass Joseph Campbell, als er über die Mythologie der „Heldenreise" schrieb, ihr Ende nahen sah. Der unabhängige Einzelkämpfer sieht dem Sonnenuntergang entgegen. Die neue Religion wird vielleicht eher im Zeichen einer ganzen Gruppe von Menschen stehen. Ganz egal, ob es dabei um den Kampf gegen den Klimawandel oder kriminelle Ungerechtigkeit gehen wird: Die neue Mythologie wird wohl von mehreren Individuen anstelle eines einzelnen Heilands handeln.

Als ich Campbell so lauschte, realisierte ich, dass ich mir eine kleine Privat-Mythologie gebastelt hatte, die Hinduismus mit seinen vielen unterschiedlichen Göttern mit der Wertschätzung der amerikanischen Ureinwohner für Erde und Himmel, die sie als Mutter und Vater verehrten, kombinierte. Da wurde ich jedoch paranoid und fürchtete, dass der New-Age-Vibe, der dort in Esalen vorherrschte, mir zu Kopf gestiegen war. Doch ließ die Paranoia wieder nach, als ich mich selbst daran erinnerte, dass ich es hier mit einem überaus gebildeten Mann zu tun hatte, der seiner Frau Jean Erdman treu ergeben war und sogar den Mineralquellen in Esalen fernblieb, weil Badebekleidung dort nicht streng vorgeschrieben war.

Der Dichter Robert Bly lud Campbell zu seinen Herrenrunden ein, um dort seine wunderbaren Geschichten zum Besten zu geben, die das Leben auf Mutter Erde anschaulich beschreiben. Diese Treffen fanden in der Regel auf einem Lagerplatz im Wald statt. Bly erzählte mir, dass Campbell für sein Kommen eine Bedingung gestellt hatte. Er wollte in einem schönen Zimmer übernachten. Auf Campen hatte er keine Lust. Mit Vegetarismus hatte er auch nichts am Hut. Stattdessen verwies er auf eine Legende der amerikanischen

Ureinwohner, die den Pakt zwischen Büffel und Stamm thematisierte: Die Mitglieder des Stammes dankten dem Tier ausführlich, bevor sie es erlegten, um ihre Angehörigen ernähren zu können. Vor allem aber nahmen sie nie zu viel – nur so viel, um den Winter zu überstehen.

Als *The Hero's Journey*, ein Dokumentarfilm über Campbells Leben, seine Premiere vor der Directors Guild in Hollywood feierte, wurde ich eingeladen, an einer Podiumsdiskussion teilzunehmen, die nach der Vorführung stattfand. Meine Vorfreude verdoppelte sich, als ich erfuhr, dass ich neben dem großen Mann selbst sitzen sollte. Der unkonventionelle Gelehrte war bereits über 80 – allerdings konnte ich nicht wissen, dass es sein vorletzter öffentlicher Auftritt sein würde. Die Diskussion fand in äußerst freundlichem Rahmen statt und Campbell konnte sich vor Komplimenten kaum erwehren. Ich steuerte folgenden Kommentar bei: „Ich hatte gar nicht gewusst, dass ich bei einer dionysischen Orgie auftrat, als ich bei den Doors trommelte, bis ich die Arbeiten dieses Typen hier las."

„Bei diesem religiösen System geht es darum, deine Natur zu erwecken. Daraus bezieht deine Kunstform ihre Energie." Er zeigte auf mich, während er sprach. Das fühlte sich gut an. Später fand er noch weitere lobende Worte für uns Rockmusiker: „Grateful Dead sind aktuell die beste Antwort auf die Atombombe."

Als der Moderator der Veranstaltung, Richard Beban, verkündete, dass es noch Zeit für eine letzte Frage gäbe, hob ich nervös meine Hand. Ich fühlte mich von Campbells Gegenwart immer noch ein wenig eingeschüchtert. Vielleicht hatte ich aber ein wenig Angst, ihn mit meiner Frage herauszufordern.

Densmore: Ich werde versuchen, Sie ein wenig in Verlegenheit zu bringen. [JC rollte mit den Augen.]

Campbell: Ich wusste, dass dieser Moment kommen würde. [Dann lächelte er. Das war eine Erleichterung.]

Densmore: Die Essenz der Welt ist Leiden. Der Trick dabei ist eine „freudvolle Anteilnahme am Leiden der Welt. Lass dich darauf ein und sieh zu, wie alles in die Luft fliegt." Die Welt ist schon in Ordnung, alles ruht in Gott, nicht wahr?

Campbell: Ein sehr hübscher Vortrag. Ich stimme dem voll und ganz zu. [Natürlich handelte es sich um ein Exzerpt aus einem von Campbells Bücher.]

Densmore: Richtig. Mich beruhigt das. Aber ich habe das Gefühl, dass ich, sollte ich mich ganz an diese Philosophie halten ... nun ja, ich habe das Gefühl, dass ich mich nicht ganz darauf einlassen sollte bis zum Augenblick meines Todes. Ansonsten bestünde die Gefahr, selbstgefällig zu werden. Schließlich will ich ja gegen Faschisten wie Hitler kämpfen und dann ist da auch noch die nukleare Frage. Da wundere ich mich, ob mich das nicht untergräbt.

Campbell: Das ist das Problem mit dem Selbst und dem Ego. Ganz tief drinnen, im immerwährenden Zentrum, verhält es sich genau so. Wie kann ich nun meine Moralvorstellungen damit in Einklang bringen? Gleichzeitig sehen wir auf der einen Seite das ganze Geld und auf der anderen Seite all die armen Leute. Ich kann mich in den Dienst menschlicher Werte stellen, solange ich sie nicht als essenziell, aber als potenziell begreife. Mein Gefühl sagt mir, dass alles in Ordnung ist, egal, wie es kommt. Wenn uns etwa die Erde um die Ohren fliegt, ist uns das egal. Also ganz allgemein. Aber hinsichtlich menschlicher Wertvorstellungen ist das natürlich eine echte Katastrophe! [lautes Gelächter] Aufgrund meiner menschlichen Natur werde ich daher alles in meiner Macht Stehende unternehmen, dass die Welt nicht explodiert. Meine Bücher gehen in diese Richtung.

Das ganze Leben ist von Sorge und Leid geprägt. Das kann niemand ändern. Der springende Punkt ist, dass man sich darauf einlassen muss. Das ist der Kern hinter der buddhistischen Lehre: „Leben ist freudvolle Anteilnahme am Leiden der Welt." Verstehen Sie denn, was ich meine? Man erarbeitet sich eine bestimmte Sichtweise. Wie sollen wir die nennen? Eine uneigennützige, unvoreingenommene Sichtweise. Und so lässt man sich auf das Treiben ein und spielt seine Rolle. Gleichzeitig muss man sich bewusst sein, dass es sich um einen Schattenreflex handelt.

Ich las erst unlängst in einer der Sanskrit-Schriften. Wenn man alt wird, meine lieben Freunde, wendet man sich in seiner Freizeit wieder dem zu, was einem als Jugendlichen und Kind am meisten zugesagt hat. Also beugte ich mich wieder über die *Bhagavad Gita* und die *Puranas* und entstaubte ein wenig meine Sanskrit-Kenntnisse. Vor mir tat sich etwas auf. Ich hatte es bereits früher schon gelesen – doch damals war es mir nicht auf diese Weise aufgefallen. Das Ewige kann sich nicht ändern. Die Zeit kann ihm nichts anhaben. Doch sobald man sich mit einem historischen Akt, einer Bewegung auseinandersetzt, befindet man sich im Fluss der Zeit. Die Welt der Zeitlichkeit funktioniert als Reflex auf die Energie des Ewigen. Das Ewige bleibt von dem, was sich hier zuträgt, unberührt.

Deshalb ist die ganze Doktrin der Sündhaftigkeit eine Irrlehre. Alles dreht sich um das Thema Zeit. Der ewige Charakter bleibt unverändert.

Und es wartet die Erlösung.

WOW! Das war alles, was ich zu denken imstande war. Der Mann erhob sich und verließ unter stehenden Ovationen die Bühne. Ein paar Wochen später brach er zur anderen Seite durch, um sich mit dem Ewigen zu vereinen.

Erst unlängst habe ich Campbells Antwort auf meine abschließende Frage noch einmal gelesen. Da wurde mir eine Erleuchtung zuteil, die mir beim ersten Mal, als ich sie gehört hatte, noch verwehrt geblieben war. Mein Leben war geprägt von Sound. Nun da ich älter geworden bin, ist es der Klang der Stille, der mich zunehmend zu reizen scheint. Die Stille ist nämlich viel lauter, als ich immer gedacht habe. Als Leonard Cohen fünf Jahre im buddhistischen Kloster Mount Baldy Zen verbrachte, lautete sein Name „Jikan“. Darunter versteht man die Stille zwischen zwei Gedanken. Das verlorene Zuhause, nach dem sich alle sehnen, befindet sich in unserem Innersten. Musik ist in der Lage, einen dorthin mitzunehmen. Selbst wenn man bloß einen Gong anschlägt und zuhört, wie der Ton langsam wieder in Stille übergeht, führt einen der Klang doch nachhause.

Wie Campbell es einmal ausgedrückt hat: „Das Ewige bleibt von dem, was sich hier zuträgt, unberührt.“ Wir ringen mit unseren Alltagsproblemen, doch in uns allen befindet sich etwas Undefinierbares, das uns vom Chaos erlöst. Natürlich können wir es nicht wirklich festmachen, weil es sich um einen Schattenreflex handelt. Selbst wenn uns das gelänge, würden wir dies innerhalb des Flusses der Zeit tun – und nicht im immerwährenden Zentrum, dem Ewigen.

Robert Bly übernachtete vor Joes Beerdigung in meinem Haus. Wir fuhren zusammen zur Kirche nach Santa Monica. Ich erzählte Robert von einem Traum, den ich in der Nacht zuvor gehabt hatte.

> Ich träumte, dass Joe seine Arme wie eine dieser Grabwächterstatuen hielt. Du weißt schon: Die eine Hand signalisiert, dass man eintreten soll, die andere wiederum weist einen an, keinen Schritt näher zu kommen. Und dann überkam mich das Gefühl, dass Campbell es kaum erwarten konnte, herauszufinden, was sich auf der anderen Seite auf ihn wartete. Voller Vorfreude.

Robert meinte, dass ich meinen Traum bei der Trauerfeier erzählen sollte. Ich willigte ein. Als wir eintrafen, sagte Joes Frau Jean, dass ihr Mann am Abend der Filmpremiere über Schmerzen geklagt hatte. Nur zwei Wochen später starb er. Das berührte mich sehr und ich musste erst einmal einen Schluck aus dem Flachmann trinken, den ich für meine Rede mitgenommen hatte. Darin befand sich Glenlivet-Whisky, Campbells Lieblingsdrink. Während meiner Ansprache trank ich noch einen Schluck auf ihn, wie ich das geplant hatte. Dann vergaß ich aber, meinen Traum zu erzählen. Scotch ist nicht mein Ding. Der ist einfach zu stark für mich. Ich spürte die Auswirkungen sofort. Oder ich fühlte mich einigermaßen emotional und verlor meine Absichten aus den Augen. Rückblickend bestätigte der Traum jedenfalls, dass ein Mann, der sein Leben lang „Götter" studiert hatte, nichts dagegen hätte, wenn sein Wissensdurst endlich gestillt und seine Fragen beantwortet würden.

Die Außenansichten der meisten altertümlichen Tempel, die bis heute bestehen, zieren Abbildungen von Dämonen und Drachen, die das, was sich in ihrem Inneren befindet, beschützen sollen. Wahre Spiritualität ist nichts für Zartbesaitete. Man muss sich seinen inneren Dämonen stellen können, um Frieden finden zu können. Ich stelle mir vor, wie Joseph Campbell das letzte Abendmahl mit seiner permanenten Anwesenheit beehrt und eine denkwürdige Konversation führt.

XVII.
Peggy Feury
Die Methode

Die Körper der Schauspieler sind ihre Werkzeuge.

Anjelica Huston dankte ihrem „Schutzengel" Peggy Feury, als sie den Oscar als beste Hauptdarstellerin für ihre schauspielerische Leistung in *Die Ehre der Prizzis* entgegennahm. Lily Tomlin bedankte sich im Rahmen einer anderen Preisverleihung im Kennedy Center ebenfalls bei Peggy. Wer war diese Frau, die Sean Penn, Laura Dern, Michelle Pfeiffer, Jeff Goldblum, Annette O'Toole, Tina Turner und mich unterrichtet hatte?

Es gibt ja fast keine Schauspieler, die *nicht* bei Peggy gelernt haben.

Aber was hat Schauspielerei mit Musik zu tun, John? Nun, ich habe ein paar Jahre lang Stunden bei Peggy genommen. Ein paar Mal gelang es mir auch, ansprechende schauspielerische Leistungen abzuliefern. Wann immer das der Fall war, sagte sie: „John, fällt dir auf, was du von der Musik mitbringst? Dein improvisatorisches Können lässt dich die Schauspielerei im Handumdrehen begreifen."

Ich erzähle das nicht, um mich selbst zu beweihräuchern, sondern um die Parallelen zwischen den beiden Kunstformen zu beleuchten. Im vorigen Kapitel habe ich die Ähnlichkeiten zwischen Musik und dem Schreiben erörtert. Die Schauspielerei passt perfekt zu diesen beiden Kunstformen. Um zu garantieren, dass eine Darbietung auch nach mehreren Vorstellungen nicht an Frische verliert, ändert ein Schauspieler schon einmal die Phrasierung seiner Textzeilen. Dabei geht's um Rhythmus. Manchmal ändert jemand auch das Tempo des Vortrags. Das ist fast wie Gesang.

Ich wurde kurze Zeit, nachdem die Doors ihren Zenit erreicht hatten, auf Peggy Feurys Schauspielkurs aufmerksam. Doch was so steil nach oben schießt, geht nur allzu oft aufgrund von Drogen und Alkohol in einen rasanten Sturzflug über. Die Luft dort oben ist sehr dünn. Der Weg nach unten lässt sich aber abbremsen, indem man einen Zickzack-Kurs einschlägt. Mich führte diese Taktik zur Schauspielerei. So fand ich heraus, dass man vor einer Szene, die man vor zwölf Menschen auf einer kleinen Bühne spielen soll, mehr Lampenfieber haben kann als vor einem Auftritt vor 24.000 Konzertbesuchern im Madison Square Garden. Allerdings gelangte ich zum Schluss, dass es mir guttäte, dieses Lampenfieber zu überwinden.

Mit den Doors fühlte ich mich ziemlich selbstsicher, wenn Jim sich in guter Verfassung befand und nicht zu dicht war, aber beim Schauspielern musste ich aus meiner Komfortzone hinterm Schlagzeug hervortreten. Mein Herz schlug so fest in meiner Brust, dass ich befürchtete, die anderen Schauspieler nicht hören zu können. „Die Körper der Schauspieler sind ihr Werkzeug", sagte mein neuer Guru. Anjelica Huston beschrieb Peggys Äußeres folgendermaßen: „Sie hatte eine sehr hübsche Figur, war eher klein und zierlich. Ihr Look war schon fast himmlisch: blasse Augen und helle Haare. Sie trug gern farblose Strümpfe und weiße Perlen. Manchmal wirkte sie wie ein Engel."

Mitunter machte sie auch einen weggetretenen Eindruck. Narkolepsie ist eine Krankheit, die die Fähigkeit des Gehirns, den Schlaf-Wach-Rhythmus zu regulieren, beeinträchtigt. Auch darin lag ein Teil von Peggys Genie begründet. Leider kostete sie die Krankheit letztlich auch ihr Leben. Nach ihrem Tod wurde mir klar, dass es mich auch mein Leben hätte kosten können. Manchmal traf ich mich mit Peggy im Topanga Canyon und ließ mich dann im Anschluss, wenn sie nach Hollywood fuhr, um dort zu unterrichten, von ihr entlang des Pacific Coast Highways mitnehmen. Ich wusste zwar, dass sie unter Narkolepsie litt, aber ich war mir nicht wirklich der Gefahr bewusst, der ich mich aussetzte, wenn ich mit ihr im Auto fuhr. Ich hätte ihr diese Doors-Textzeile vorsingen sollen: „Keep your eyes on the road, and your hands upon the wheel."

Ihre seltsame Störung bescherte ihr aber auch eine besondere Gabe. Man riss sich förmlich den Arsch auf, sprach seine Textzeilen und versuchte, im Augenblick zu bleiben, während Peggy gleichzeitig abdriftete. Ihr Kopf neigte sich dann zur Seite und sie sah aus, als würde sie gleich vom Stuhl kippen. Wenn die Szene dann vorüber war, durchbrach sie ihre Trance und ging mit unglaublichem Auge auf die Darbietung ein. Ihr entging nicht das Geringste. Vielleicht ermöglichte ihr Zustand gar, Dinge zu sehen, die uns anderen entgingen. Die einstige Leiterin des Lee Strasberg Institutes war enorm begnadet.

Noch einmal Anjelica: „Sie kommentierte Szenen nie auf eine destruktive Art und Weise – selbst wenn man wusste, dass man nicht gerade eine Topleistung abgerufen hatte." Peggys Kritiken fielen normalerweise relativ kurz aus, wenn man gut gewesen war. Wenn man sie aber nicht überzeugt hatte, konnte sie schon eine Zeitlang reden. Allerdings nie boshaft. Wie etwa Anjelica berichtete: „Sie erzählte dann gern mal eine ihrer Anekdoten, die aber immer hilfreich waren." Ich schnitt mir für eine Szene sogar die Haare. Peggy hatte gesagt, dass Musiker sich hinter ihrer Musik versteckten. Sie wären nach „innen" gewandt. Schauspieler hingegen würden sich nach „außen" wenden. Dann schlug sie mir vor, dass ich etwas mit meinen Haaren machen sollte. Für Miss Feury tat ich das. Mein Dad war Jahre zuvor noch damit abgeblitzt.

Ich bewundere Schauspieler für ihre Courage, ihr Äußeres an ihre Rollen anzupassen, indem sie ihre Frisuren verändern, Gewicht zu- oder abnehmen, oder ihre Gangart anpassen. Sie adjustieren sämtliche Aspekte ihrer körperlichen Erscheinung, um in den Körper von jemand anderem zu schlüpfen. Jack Nicholson kritisierte einst Schauspieler, die ihre Rollen nach einem Drehtag nicht am Set zurücklassen konnten und mit nachhause brachten. Andererseits sagte Anjelica, die damals mit Jack zusammenlebte, dass nach den

Dreharbeiten zu *Shining* eine eher seltsame Stimmung in der Luft lag. Wer würde sich nicht so fühlen, wenn er sich in der Gegenwart eines Menschen aufhielte, der einen solch gequälten, verqueren Charakter darzustellen versuchte?

Wenn man nicht gerade jemanden spielt, der überaus glamourös ist, muss man jenen Teil seines Egos deaktivieren, der einem vorgibt, immer „gut" auszusehen. Und dann gibt es da noch „die Wahrheit", die sich zu erkennen gibt, trotz all des Make-ups, solange der Schauspieler über Talent verfügt. Dasselbe gilt für die Musik. Man muss über ausreichend Spieltechnik verfügen, um seine Einzigartigkeit unter Beweis stellen zu können – dann wird auch die Wahrheit ans Tageslicht treten. Wenn man die spielerische Technik zu sehr in den Vordergrund stellt, wird die Sache aber zu glatt.

Peggy suchte bei all ihren Schülern nach der Wahrheit. Diejenigen Male, als ich die Parallele zwischen Schauspielerei und Musik zu begreifen schien, etwa in einer Szene eines Theaterstücks von Harold Pinter, fühlte ich mich innerhalb der Rolle, die ich spielte, vollkommen frei und unbeschwert. Es fühlte sich so an, als würde ich das richtige Drum-Fill hinter Jim Morrison improvisieren. Pinters Worte ähnelten einer Akkordabfolge, die mir als Referenzrahmen diente.

Einer der Gründe, warum Peggy mit ihrem Ehemann Bill Traylor letztlich nach Bel Air zog, war der, dass sich die Fahrzeit in ihr Schauspielstudio dadurch erheblich verringerte. Leider schlief Peggy ein paar Monate nach dem Umzug, als sie gerade allein mit dem Auto unterwegs war, hinterm Steuer ein. Beinahe hätte sich noch den Fahrer eines anderen Wagens mit in den Tod gerissen. Sie hätte schlichtweg nicht fahren dürfen.

Die Trauerfeier zu ihren Ehren fand im Mark Taper Forum in Downtown Los Angeles in Anwesenheit unzähliger heulender Prominenter statt. Als Sean Penn sprach, wirkte er nervöser, als wenn er seine damalige Frau Madonna in Hotpants zu sehen bekam. Das sagte er zumindest. Manche fanden diesen Kommentar geschmacklos, aber ich finde, dass solche Anlässe eine Prise Humor gut gebrauchen können. Laura Dern reminiszierte auf sehr berührende Weise darüber, wie es für sie war, unweit von Peggy in Malibu zu wohnen. Nachdem sie angefangen hatte, Unterricht bei ihr zu nehmen, begriff sie, wie begnadet ihre Nachbarin wirklich war.

Nach Peggys Ableben war ich sofort zu ihrem Haus gefahren, um zu kondolieren. Als ich die Auffahrt hochging, kam mir Jack Nicholson entgegen, der einen Film mit Peggys Ehemann Bill gedreht hatte. Ich nickte ihm kollegial zu, als wir wortlos aneinander vorbeigingen. Ich umarmte Bill fest. Er erzählte mir daraufhin unter Tränen eine wunderbare Geschichte.

Als sie einmal in China weilten, stand Peggy eines Morgens früh auf und verließ das Hotel. Sie war eine Zeitlang unterwegs und er fing an, sich Sorgen zu machen. Bill zog die Vorhänge beiseite und blickte aus dem Fenster auf einen vor dem Hotel gelegenen Park. Dort unten sah er hunderte Chinesen Tai-Chi praktizieren. Unter ihnen erspähte er auch Peggy, die mit ihren Armen schwang und ihre Beine bewegte, im Versuch die sie umgebenden Chinesen nachzuahmen.

Wie hätte man diese Frau, die immer nach der Menschlichkeit in der Darbietung eines Schauspielers suchte, nicht lieben können? Dort unten im Park konnte man ihr zuschauen, wie sie ihre eigene auslebte.

XVIII.
Robert Bly

Eine poetische Vaterfigur

Die Dichtkunst verleiht der Sprache ihren Beat.

In den Kulturen der amerikanischen Ureinwohner verkünden die weisen Stammesältesten, dass ohne den steten, einfachen Groove der großen Trommel die auffälligen und von Jugendlichkeit überschäumenden Polyrhythmen, die darüber gespielt werden, keinerlei Bedeutung haben. Ohne ihn gäbe es keinen fortdauernden Herzschlag und keine Resonanz. Dichter allerorts suchen nach dem Grundgerüst, dem Skelett der Sprache – nach dem Rückgrat unserer verbalen Kommunikation. Die Selbstmordrate unter ihnen ist hoch, weil gute Dichtkunst direkt aus dem Herzen kommt. Es ist beängstigend, sich so zu öffnen. Das ließe sich auch von meinem alten Leadsänger behaupten, nur dass sich Jim Morrison für den Weg des langsamen Suizids mithilfe von Alkohol entschied.

Bei meinem ersten Treffen mit Robert Bly, dessen vortrefflicher Verstand im Alter von über 90 Jahren immer noch Grenzgebiete auslotet, wurde ich ausgezeichnet verköstigt. Bly war eine Alternative zu Morrison, den selbst meine damals noch junge Psyche mir riet zu meiden, wenn er exzessiv trank. Ich besuchte einen dieser frühen Workshops für Männer, die Robert veranstaltete. Das war genau das Richtige für mich, nachdem ich Jim verloren und zwei Ehen in den Sand gesetzt hatte.

Bevor ich einer dieser Zusammenkünfte beiwohnte, hatte ich gedacht, dass Poesie ausschließlich von Blumen handelt. Doch als

Robert seine Gedichte vorlas und uns andere Poeten vorstellte, begriff ich, dass die Dichtkunst eine direkte Verbindung zur Seele herzustellen vermag. Es fühlte sich auch sehr heilsam an, eine Woche lang ausschließlich mit Geschlechtsgenossen abzuhängen. Viele der Männer bei diesen Symposien machten ihre allerersten Erfahrungen damit, ihre Gefühle zu teilen. Eine Bedingung war dabei, nicht respektlos über Frauen herzuziehen. Ich war beileibe nicht der Einzige, der es als hilfreich empfand, sich gelegentlich ausschließlich mit anderen Männern zusammenzufinden, um eine gemeinsame Erfahrung zu teilen.

In den 1980ern sprach Robert in einem vielgelesenen Interview mit Keith Thompson von der Suche des Mannes. Dabei erteilte er eine kurze Geschichtslektion:

> „Der Mann der Fünfzigerjahre" war ein harter Arbeiter – verantwortungsbewusst und relativ diszipliniert. Er hatte kein ausgeprägtes Verständnis für das Wesen der Frauen, obwohl er definitiv ein Auge für ihre Körper hatte. Der Fünfzigerjahre-Mann zeigte sich gegenüber der kollektiven Meinung sensibel. Als Mann musste man Football mögen, aggressiv sein, sich für die USA einsetzen, niemals weinen und immer der Ernährer sein. Doch diesem Image der Männlichkeit mangelte es an Femininität, an weiblichem Freiraum und Fluss. Das Fehlen von Mitgefühl führte direkt zum unausgewogenen Konflikt des Vietnamkriegs, genau so wie der Mangel an weiblichem Freiraum in Ronald Reagans Kopf seine Herzlosigkeit und Brutalität gegenüber den Armen in El Salvador, den Alten, den Arbeitslosen, Schulkindern und armen Leuten im Allgemeinen zur Folge hatte. Der klassische Mann der Fünfzigerjahre hatte eine klare Vorstellung davon, wie ein Mann zu sein hatte, doch war diese Einschätzung äußerst fehlerhaft.
>
> In den Sechzigerjahren betrat ein anderer Männertypus die Bildfläche. Der Vietnamkrieg mit all seiner Verschwendung und Qual brachte die Männer dazu zu hinterfragen, was

einen erwachsenen Mann wirklich ausmacht. Die Frauenbewegung ermutigte die Männer außerdem, Frauen endlich eines genauen Blickes zu würdigen. So wurden sie gezwungen, ein Bewusstsein für gewisse Dinge zu entwickeln, denen der klassische Mann der Fünfzigerjahre eher aus dem Weg gegangen war. Als Männer vermehrt Frauen mitsamt ihren Sorgen wahrzunehmen begannen, fingen manche Männer an, ihre feminine Seite zu entdecken und ihr mehr Aufmerksamkeit zu widmen.

Das war etwas ganz Wunderbares. Dieser Entwicklungsschritt, bei dem der Mann sein eigenes weibliches Bewusstsein hervorbrachte, war sehr wichtig – und dennoch spürte ich, dass noch etwas fehlte. Wenn ich manchmal in mein Publikum blicke, würde ich vielleicht die Hälfte der jungen Männer als Softies bezeichnen. Das sind liebenswerte, wertvolle Leute und ich mag sie. Sie haben kein Interesse daran, der Welt Schaden zuzufügen, Kriege zu führen, oder für Konzerne zu arbeiten. Ihr allgemeiner Lebensstil und ihre Haltung sind dem Leben gegenüber positiv eingestellt. Aber irgendetwas läuft falsch. Viele dieser Männer sind unglücklich. Es fehlt ihnen an Elan.

Manche sehr dynamische Frauen wählen softe Männer als Liebhaber. In gewisser Hinsicht vielleicht sogar auch als Söhne. Diese Veränderungen passieren nicht zufällig. Junge Männer wünschen sich aus unterschiedlichen Gründen taffe Frauen, und Frauen haben angefangen, softere Männer zu begehren. Das scheint ein gutes Arrangement zu ergeben, aber es funktioniert nicht. Erst unlängst habe ich auf einer Konferenz doziert, die ausschließlich für Männer veranstaltet wurde. An jedem Morgen referierte ich über bestimmte Märchen, in denen das Wachstum von Männern thematisiert wird, sowie über altgriechische Götter, die für die Griechen unterschiedliche Ausprägungen männlicher Energie symbolisierten. Oft begannen die jungen Männer, nachdem sie vielleicht gerade einmal fünf Minuten gesprochen hatten, zu schluchzen und zu weinen.

> Die Trauer und der Schmerz, die diesen jungen Männer innewohnte, erstaunten mich. Der Fluss war tief.
>
> Ihr Schmerz lag zum Teil in der Distanziertheit ihrer Väter begründet, die ihnen stark bewusst war. Aber zum Teil stammte er auch von den Problemen in ihren Ehen und Beziehungen. Sie haben gelernt, rezeptiv zu sein und das reichte nicht aus, um ihre Ehen aufrechtzuerhalten. In einer Beziehung muss manchmal eine gewisse Wildheit vorherrschen. Sowohl der Mann als auch die Frau benötigen dies. In der *Odyssey* instruiert Hermes Odysseus, als er sich Circe nähert, dieser matriarchalischen Figur sein Schwert zu zeigen. Es war für viele der jüngeren Männer schwierig zu unterscheiden, ob man ein Schwert nur vorführt oder jemand damit verletzt. Sie hatten es so verinnerlicht, niemandem ein Leid anzutun, dass sie das Schwert nicht einmal hochheben konnten. Nicht einmal die Reflexion des Lichts darin konnten sie sich ansehen! Ein Schwert zur Hand zu nehmen, ist nicht gleichbedeutend mit Kampf. Es liegt ein gewisses Vergnügen darin.

Bly betonte außerdem, dass Männer in Verbindung mit ihrer „tiefsitzenden Männlichkeit" treten sollten – und nicht etwa mit der seichten Maskulinität des Machismo. „Männer wissen bereits genug über brachiale Stärke. Allerdings ist eine innewohnende männliche Energie notwendig, die weder der sanftmütige Jesus noch ein Guru zum Vorschein bringen können. Diese Kraft ist in der männlichen Psyche verankert. Dabei handelt es sich um forsches Handeln, nicht ohne Mitgefühl, aber auf jeden Fall mit Entschlossenheit."

Die amerikanischen Ureinwohner sprechen von Mutter Erde und Vater Himmel. Auf eine ähnliche Weise empfinde ich Robert Bly als eine poetische Vaterfigur. Als er seine Männergruppen initiierte, legte er seinen intuitiven Finger auf den Pulsschlag der archetypischen Energie, die in den jungen Männern auf der ganzen Welt zu brodeln schien. Wenige Jahre später sollte diese Energie in Form von Roberts enorm erfolgreichem Bestseller *Eisenhans* schlagartig ins weltweite Bewusstsein rücken.

Als Robert von solchen jungen Männern sprach, fühlte ich mich durchaus angesprochen. Wir hatten uns lange Haare wachsen lassen und übernahmen weibliche Herangehensweisen. Allerdings spürten wir auch, dass die moderne Wirtschaft uns unsere Väter geraubt hatte. Die Gegenwart unterschied sich stark von jenen Tagen, in denen Väter und Söhne auf dem Bauernhof oder in einer Werkstatt gemeinsame Sache gemacht hatten. Nun steckten die Väter in Bürogebäuden fest, wo sie ihre Söhne nicht sehen oder mit ihnen Zeit verbringen konnten. Es war nur schwer vorstellbar, dass sie ihren Lebensunterhalt mit dem Sortieren von Papieren verdienten.

Die Traurigkeit stammte auch daher, dass Männer gemäß dem alten patriarchalischen Muster genötigt wurden, ihre Emotionen zu verbergen. Roberts Männergruppen waren ein Ort, wo wir unsere Verletzlichkeit zur Schau stellen durften. Er ermutigte uns dazu, persönliche Anekdoten aus unserem Leben miteinander zu teilen. Marion Woodman, eine kanadische, mytho-poetisch ausgerichtete Autorin und Psychoanalytikern, die am C. G. Jung Institut in Zürich studiert hatte, sagte über Bly: „Mit seiner unverblümten, mutigen und feinfühligen Stimme vereint er König, Krieger, Kind und Schelm.“

Robert verkörperte *alle* Emotionen, und das wiederum rechtfertigte meinen eigenen Wirrwarr an Gefühlen, der aufgrund kultureller Konventionen im Dunkeln bleiben musste. Er setzte auf alte Märchen, die eine große Vielfalt an Charakteren aufwiesen, um so die Diversität unserer Gefühlswelt zu demonstrieren. Es war ein wenig so, als würde man einer Sinfonie lauschen, die die gesamte Palette der menschlichen Gefühle zu evozieren imstande ist. Eines seiner berühmtesten Gedichte aus den Achtzigerjahren, „Fifty Males Sitting Together“, behandelte das Thema der jugendlichen Entfremdung und den Trost, den die Männertreffen im Wald bereithielten.

Er wendet sich ab, verliert den Mut, zieht los, speist wilde Dinge, unter Koten und Hütten, verzehrt Distanz und Schweigen; Er lässt sich lange Schwingen wachsen, setzt zur Spirale an und steigt auf.

(He turns away, loses courage, goes outdoors to feed with wild things, lives among dens and huts, eats distance and silence; He grows long wings, enters the spiral, ascends.)

In seiner Jugend besuchte Bly Harvard, so wie auch seine Kollegen und Kolleginnen Donald Hall, Will Morgan, Adrienne Rich, Kenneth Koch, Frank O'Hara, John Ashbery, Harold Brodkey, George Plimpton und John Hawkes. Dort erhielt er ein Fulbright-Stipendium und machte sich nach Norwegen auf, um dort norwegische Dichter zu studieren. Dann entdeckte er viele weitere Poeten aus Indien, Spanien, Südamerika und Persien für sich. Er setzte sich daraufhin dafür ein, dass diese auch in den USA, wo sie sonst niemand kannte, verlegt würden. In den Sechzigerjahren, als der „Konflikt" in Südostasien eskalierte, wurde Bly mit dem National Book Award für seine Gedichtsammlung *The Light Around the Body* ausgezeichnet, die Anti-Kriegs-Lyrik enthielt.

Als er den Preis entgegennahm hielt er eine gewagte Rede. Bly verurteilte den Vietnamkrieg, holte einen Kriegsdienstverweigerer zu sich auf die Bühne und überreichte ihm das Preisgeld. Auch ich hatte einige Anstrengungen unternommen, um die Einberufung zu umgehen. Seine Rede machte ihn daher noch sympathischer in meinen Augen. David Ignatow, der Gewinner des Bollinger Prize for Poetry, beschrieb diese Szene so:

> Eingangs erschien Robert die Vorstellung, inmitten eines zerstörerischen Kriegs, der auf dem Rücken von Unschuldigen ausgetragen wurde, einen Preis entgegenzunehmen, als obszön – es käme angesichts der eigentlich so integren Motive der Dichtkunst einer Travestie gleich. Er wollte den Preis nun mittels einer bitterbösen schriftlichen Abrechnung zurückweisen, entschied sich dann aber dafür, den Preis entgegenzunehmen – unter der Bedingung, dass er frei sprechen durfte. Das war eine außergewöhnliche Anfrage, da es Brauch war, den Preis einfach anzunehmen und eine kurze und gesittete

> Dankesrede zu halten, bevor man die Bühne wieder verließ. Die Rede entstand im Kreise seiner Dichter-Kollegen nur ein paar Stunden vor der Zeremonie. Es war ein unglaublicher Augenblick, als Robert, nachdem er schweigend den Scheck entgegengenommen hatte, sich dem Publikum zuwendete. Er las seine Rede von einem Blatt Papier ab. Seine Stimme war getragen, klang aber wütend. Wir waren vorgewarnt worden, dass sich FBI-Agenten im Publikum befänden. Er distanzierte sich vom Krieg und den Dichtern im Publikum, die untätig waren und den Krieg eskalieren ließen, ohne zu protestieren oder Moral einzufordern. Abschließend distanzierte er sich noch von den Verlegern, die das Preisgeld gestiftet hatten – und vor allem seinem eigenen Verleger, da dieser nicht die Stimme erhoben hatte.

Ach, wie sehr mich dieser Moment an damals erinnerte, als Jim dem Rest der Band seine Meinung geigte, weil wir mit dem Gedanken spielten, einen unserer Songs für eine Autowerbung zur Verfügung zu stellen. Wie Bob Dylan es ausdrückt: „Geld spricht nicht, es flucht." Zurück zu David Ignatows Bericht.

> Es herrschte Stille im Publikum, als er den Namen des Repräsentanten der War Resisters League ausrief, ihm den Scheck überreichte und ihn aufforderte, sich nicht für die Einberufung registrieren zu lassen. Dieser offene Aufruf war gleichbedeutend mit der Missachtung eines erst unlängst im Kongress verabschiedeten Gesetzes. Als wir uns umblickten, fiel uns auf, dass ungefähr zehn in schwarze Anzüge gekleidete Männer sich von ihren über den Saal verteilten Sitzplätzen erhoben und hinausgingen.

Galway Kinnell, der später mit dem Pulitzer-Preis ausgezeichnet wurde, fürchtete, dass Robert an Ort und Stelle verhaftet werden könnte. Ignatow fährt fort:

Während ein Durcheinander von Stimmen, Buhrufen und Jubel im Publikum aufbrandete, sorgte ich mich, dass das Schlimmste noch bevorstünde. Aber fürs Erste behielten wir an diesem Tag die Oberhand. Wir hatten die Regierung und dieses erlesene Publikum, das die bekanntesten Vertreter der zeitgenössischen Literaturszene und ihre Verleger umfasste, davon in Kenntnis gesetzt, dass wir diesen Krieg nicht aus unseren Gedanken und unserem Leben ausblenden könnten. Stattdessen müsste man ihm mit Aufrichtigkeit und Moral begegnen.

Ich würde nicht zulassen, dass Angstgefühle unsere Begeisterung überschatteten. Diejenigen, die Robert bei seiner Rede geholfen hatten, spürten, dass der Geist triumphiert hatte. Das wollten wir uns nicht nehmen lassen. Dies kam einer umfassenden und überwältigenden Bestätigung und Rehabilitierung all dessen gleich, für das sich Robert als unermüdlicher und visionärer Kämpfer in der Welt der Literatur und der Politik unserer Nation einsetzte. Er hatte Beleidigungen, Drohungen und Ablehnung ertragen müssen, als er sich in der Blüte seiner Karriere und auf dem Höhepunkt seines poetischen Könnens vor die künstlerische und intellektuelle Elite begab, um Stellung zu beziehen. Er tat dies mit Stil, Genuss und politischer Leidenschaft der höchsten Ordnung. Das war Roberts Sternstunde – und wir, die wir uns ihm durch unsere Bewunderung, unsere Überzeugung und unsere gemeinsamen Ziele verbunden fühlten, fühlten uns durch ihn bestätigt und spürten unsere Bedeutung vor den Augen der Welt.

Ich muss noch einmal an Jim denken und wie er seine Bandkollegen damals konfrontierte, weil er sich nicht auf einen Deal einlassen wollte, der unser kreatives Schaffen kompromittiert hätte. Bly sollten noch viele solcher Momente in der literarischen Welt beschieden sein. Als innoffizieller Vater der Männerbewegung leitete er ein Umdenken ein, das letztendlich den Million Man March auf Washington inspirieren sollte.

Bei seinen frühen Männertreffs hieß Robert jeden willkommen, dankte uns allen für unser Erscheinen und betonte, dass man schon mutig sein müsste, um sich mit einem Haufen Männer in den Wald zu trauen. In der Regel waren wir darauf getrimmt, miteinander zu konkurrieren – und nicht, uns gegenseitig unsere Gefühle zu offenbaren. Gegen Ende der Woche herrschte eine solche Kameraderie zwischen uns, dass eigentlich niemand mehr in die echte Welt zurückkehren wollte.

„Wer Robert Bly ehrt, ehrt die Männlichkeit in sich selbst", schrieb Marion Woodman, eine der meistgelesenen Autorinnen zum Thema weibliche Psychologie. „Man ehrt die Männlichkeit in zahllosen Männern und Frauen, die mit diesem verlorenen Teil ihrer selbst durch seine Zusammmenkünfte und Bücher in Kontakt getreten sind." Der Schluss war zulässig, dass Männer nicht nur stark wie Zeus, sondern gleichzeitig auch gutmütig sein konnten.

Mittlerweile erkenne ich eine ähnliche Traurigkeit in jüngeren Generationen. Viele erinnern mich an die Männer der Achtzigerjahre. Das Patriarchat lügt der Jugend hinsichtlich des Themas Krieg immer noch etwas vor. Seinerzeit hassten wir das Einberufungssystem, da auf diese Weise junge Männer in einen ungerechten Krieg geschickt wurden. Heute denke ich aber, dass es besser wäre, dieses System wiedereinzuführen, wenn es für jeden gelten würde, ganz unabhängig vom sozioökonomischen Status des Individuums. Das sage ich als jemand, der einen Sohn im „richtigen" Alter hat. Ganz egal, ob unsere jüngsten Kriege gerechtfertigt waren oder nicht: Es sind immer die Armen und Menschen aus Minderheiten, die auf der Rekrutierungsliste des Militärs ganz oben stehen.

Offenbar hat heute jeder unter 60 eine Tätowierung – ich auch! Doch das alte Aufnahmeritual, bei dem man es von einem Älteren gestochen bekam, gehört längst der Vergangenheit an. So manch einer bedeckt seinen halben Körper mit Tattoos, mit der verzweifelten Zielsetzung, sich auf diese Weise selbst zu „initiieren". Versteht mich bitte nicht falsch: Ich möchte diese Leute nicht schlechtreden. Immerhin sind das ja *meine* Leute und ich fühle mich wohl in ihrer Gesellschaft. Doch das Ansammeln von immer mehr und mehr Tätowierungen scheint für mich ein typischer Versuch, die Abwesenheit eines oder einer ehrbaren Älteren zu kompensieren, der oder die in sporadischen Abständen Tätowierungen für erbrachte Leistungen stechen würde.

Nun sehen unsere tapferen jungen Männer (und Frauen!) in Uniform zwar aus wie Krieger, sind aber nicht wirklich darauf vorbereitet, damit umzugehen, das Leben eines Menschen aus vagen oder fragwürdigen Gründen zu beenden. Vermutlich ist es kein Zufall, dass die Suizidrate unter Militärangehörigen extrem hoch ist. Dies zeigt den Schaden, der der Psyche der heutigen Jugend hier zugefügt wird. Und die vermeintlichen Führungspersönlichkeiten versuchen unseren kostbaren Rock'n'Roll für ihre Zwecke zu vereinnahmen. So musste Jackson Browne 2008 den damaligen Präsidentschaftskandidaten John McCain verklagen, damit dieser es unterließ, einen von Brownes Songs für seine Kampagne zu verwenden. 2016 kritisierte Neil Young Donald Trump für ein ähnliches Vorgehen.

Es mag ja ein wenig naiv klingen, doch im 21. Jahrhundert benötigt man einen starken Friedensminister, der das Wissen von Experten auf dem Gebiet (Martin Luther King, Gandhi, der Dalai Lama ...) anzapfen muss, um das Land zu regieren. Im vergangenen Jahrhundert sind mehr Menschen in Kriegen ums Leben gekommen als jemals zuvor. Wir steuern auf einen Abgrund zu und wenn wir nicht versuchen, den Kurs in Richtung Gewaltlosigkeit zu ändern, werden wir hinabstürzen.

Das ist wie mit den beiden Charakteren in dem Film *...denn sie wissen nicht, was sie tun*, die es auf ein „Hasenfußrennen" ankommen lassen wollen: Beide rasen in alten Wagen auf einen steilen Abhang zu und wer als erster aus seinem Gefährt springt, ist in den Augen der Beobachter als Feigling gebrandmarkt. Der Drehbuchautor Stewart Stern betonte, dass diese Szene – ich habe eine Fotografie davon gerahmt und signiert an meiner Wand hängen – die allerwichtigste im ganzen Film ist. Der von James Dean dargestellte Jim muss sich darin von seinem Rivalen anhören, dass er beim prompten Verlassen des Fahrzeugs bloß nicht mit seiner Jacke am Türgriff hängenbleiben soll. Als sie vor der Mutprobe den Abhang hinunter auf den sich dort befindlichen Highway blickten, rauchten sie noch gemeinsam eine Zigarette:

BUZZ (leise): Weißt du was? Du gefällst mir. Glaubst du das?
JIM: Warum machen wir das dann?
BUZZ (immer noch leise): Irgendwas muss man doch machen, nicht wahr?

Der von Sal Mineo gespielte Plato beobachtet die Szene aus der Entfernung. Auf ihn wirken die Rivalen wie zwei enge Freunde.

Indem er sein Schwert vor der versammelten literarischen Gemeinschaft bei den National Book Awards zur Schau stellte, demonstrierte uns Robert Bly, dass wir alle Menschen sind und das Töten endlich ein Ende nehmen müsse. Der Sufi-Mystiker Rumi formulierte es im 13. Jahrhundert so:

Heute erwachen wir wie an jedem anderen Tag
leer und verängstigt.
Öffne nicht die Tür zum Studienzimmer, um zu lesen.
Nimm stattdessen ein Musikinstrument zur Hand.
Lass die Schönheit dessen, was wir lieben, unser Tun beeinflussen.
Es gibt hunderte Arten zu knien und den Boden zu küssen.

Musik und Dichtkunst gehören zu den ganz wenigen Dingen, die unseren kriegerischen Geist besänftigen können.

Sie lehren uns auch Toleranz. Bly gehörte zu den herausragendsten Übersetzern des 20. Jahrhunderts: Ihm zuzuhören, wie er seine Interpretationen von Federico García Lorca, Juan Ramón Jimenez, Pablo Neruda, César Vallejo, Antonio Machado, Tomas Tranströmer, Mirabai, Kabir und Rainer Maria Rilke zum Besten gab, war, als würde man sich direkt mit den Kulturen der Welt in Verbindung setzen. Ich konnte lateinamerikanische Musik zwischen den Zeilen vernehmen, wenn ich Blys Übersetzungen von Neruda und Machado las. Auch hörte ich Ravi Shankar, wenn ich seine Kabir-Bearbeitungen genoss – und wenn Robert Rilke übersetzte, umwehte diese Texte ein Hauch von Beethoven.

Wenn jemand ein Gedicht vorträgt, der ein Verständnis dafür besitzt, offenbart sich dem Hörer dessen Bedeutung praktisch sofort. „Das Publikum blüht förmlich auf, wenn ein Gedicht auf die althergebrachte Methode vorgetragen wird, das heißt: mit vollem Klang, Überzeugung und dem Wissen, dass die Emotionen nicht nur jener Person vorbehalten bleiben, die das Gedicht spricht", sagte Bly einmal. Hier kommt die Musik ins Spiel. Robert war dafür bekannt, sich selbst auf Instrumenten wie Dulcimer und Balalaika zu begleiten. In erster Linie tat er das, um eine dröhnende Geräuschkulisse zu kreieren, von der seine Textzeilen getragen werden sollten. Dies ermöglicht ihm, Phrasen, Pausen und Dynamik zu improvisieren. So wie das auch ein Sänger machen würde.

Das ähnelt meiner Herangehensweise ans Trommeln. Es dauerte nicht lange, da fragte ich Robert, ob ich ihn bei ein oder zwei Gedichten begleiten dürfe. Ich hatte mich für sein Gedicht „Night Frogs" entschieden, da ich darin gewisse Dinge zu hören schien – ähnlich wie das bei Jim Morrisons Songtexten der Fall war. Die erste Strophe handelt von einem Zug, der nachts durch Louisiana braust. Ich wählte einen 3/4-Takt-Groove, der ein New-Orleans-Feeling heraufbeschwören sollte. In der zweiten Strophe flüstert eine Frau, dass man nur Wahrheiten aussprechen sollte. Hier ließ ich es definitiv ein wenig softer angehen – pianissimo ... Dann: „Ein Umriss flach und vier Fuß lang, schiebt sich unter der Tür hindurch / liegt dort erschöpft auf dem morgendlichen Boden." Nun war es an der Zeit, die Trommel mit meinem Ellbogen an mich zu drücken und die Schlaghand zu wechseln. Das klang, als würde jemand sprechen. Nein, eigentlich erinnerte es mehr an ein Tier. (Immerhin hatte ich die Trommel ja auch mit einem tierischen Drum-Fell bezogen.)

Dann unternahm ich etwas, von dem ich wusste, dass es Robert überraschen würde. Die vierte Strophe handelte davon „zurückzublicken“ und einen „toten Winkel im Auto“ zu erkennen. „Was ist es an meinem Vater, das mir einfach nicht auffällt?“, fährt er fort. Bly berichtet, dass er sich an mehrere Jahre seiner Kindheit nicht mehr erinnern kann. Daraufhin ließ ich den 3/4-Takt ins Stottern geraten, als ob ich nicht wüsste, wie man richtig spielt. Als ob sporadisch ein Erdbeben mein Spiel beeinflussen würde. Robert warf mir einen flüchtigen Blick zu und sah, dass ich immer noch meinen Kopf im Rhythmus mitbewegte, ganz im Groove war. Der holprige Beat war beabsichtigt und Bly wusste, dass er einfach weiterlesen müsste. Ich würde mich dann ihm angleichen. Ich wollte die Wirkung nicht mindern, indem ich ihn schon vorab einweihte, dass ich das tun wollte. Auf diese Weise kam er selbst auch ein wenig ins Stottern.

Im letzten Abschnitt wechselte ich wieder in einen steten Groove. Zunächst spielte ich sanft und baute den Rhythmus gewissenhaft auf, bevor ich zum Schluss wieder langsamer wurde, wie ein Zug, der in einen Bahnhof einfährt. Bly sprach die letzte Zeile: „Nachtfrösche quaken wie der Planet sich dreht.“

Angesichts der positiven Reaktion des Publikums war der gemeinsame Auftritt sehr gut verlaufen. Als wir uns im Anschluss unterhielten, sagte Robert: „Ich konnte kaum fassen, was du da abgezogen hast! Dass du zu spielen aufgehört und dann noch einmal richtig losgelegt hast!“ Sein Gesichtsausdrück bestätigte mir, dass mein Ansatz funktioniert hatte.

Viele Männerkonferenzen später, bei denen Robert lautstark Geschichten und Gedichte in einem überaus farbenfrohen Umhang gehüllt vorgetragen und sich dabei auf einer tibetanischen Trommel hatte begleiten lassen, nährten seine Possen auch weiterhin meine Psyche. Manchmal erinnerte er mich an eine Mischung aus Vallejo und einem Rinpoche. Hinter seinem Rücken zog er Masken hervor, um seine Nacherzählungen von Grimms Märchen zu illustrieren. Es war schlichtweg fesselnd!

Ich feilte an einer Begleitung zu Blys englischer Übersetzung von „Der Schauende“. Wir führten unsere Darbietung bei einer Benefizgala für das Joseph-Campbell-Archiv im kalifornischen Santa Barbara auf. Robert stellte mich den 2.000 Menschen vor, die sich ins Arlington Theatre gezwängt hatten. Dann verkündete er, dass er es liebte, wenn ich ihn begleitete, weil er nie wüsste, was ich als Nächstes tun würde! Dem Publikum war nicht entgangen, dass unsere jeweiligen Bücher gerade in den oberen Regionen der Bestseller-Liste der *New York Times* miteinander konkurrierten. Meine Memoiren *Mein Leben mit Jim Morrison und den Doors*, im englischen Original *Riders on the Storm*, belegte Platz drei, während *Iron John*, das im deutschen Sprachraum unter dem Titel *Eisenhans* erschien und von der *Times* als „wichtig ... kraftvoll ... zeitgemäß" gelobt wurde, sich 62 Wochen lang auf der Spitzenposition festsetzte. Im *Santa Barbara Independent* wurde unsere Performance im Arlington Theatre als „Neoheidnisches und pantheistisches Schemenspiel" bezeichnet. Es gelang uns außerdem, eine Menge Geld für das Archiv von Roberts Idol zu sammeln.

Blys unersättlicher Appetit auf neue Ideen war ansteckend und half mir dabei, Jim Morrison besser zu verstehen. Abgesehen davon, dass er mich mit den Werken Campbells vertraut machte, stellte mir Robert auch noch Carl Gustav Jung und seinen Kompagnon James Hillman vor. Mir wurde auf diese Weise ein unfassbarer intellektueller Input zuteil, der meinen Hunger auf neue Denkansätze und Einsichten förderte. Als Reaktion auf die Frauenbewegung erwarben junge sensible Männer nun eine gewisse Wildheit. Es handelte sich um eine Wildheit, die sich mit jener vergleichen ließ, die Robert an den Tag gelegt hatte, als er eine akademische Übersetzung der Gedichte des persischen Poeten Rumi auf den Schreibtisch von Coleman Barks knallte, der wiederum ein Dichter und Gelehrter aus Georgia war. Er sagte: „Diese Gedichte sitzen im Gefängnis ... lassen Sie sie doch frei!" Dieser Funke entfachte ein Feuer in Barks, der daraufhin der führende Übersetzer des beliebtesten Dichters Amerikas wurde – obwohl nicht viele Amerikaner wissen dürften, dass ihr Land ganz in der Nähe der Heimat Rumis wütete, als es Afghanistan bombardierte.

Robert Bly liebt Kreativität und seine unfassbare, intuitive und großzügige Seele weckt und fördert dieselbe Liebe in anderen. Er stellte mir den iranischen Musiker Reza Derakshani vor und wir begannen, gemeinsam Musik zu spielen, was schließlich zu einem Auftritt im Kennedy Center in Washington D.C. führte. Reza bat die Leute im Publikum unablässig, sich den Applaus zu sparen und ihre Energie „in sich" zu behalten. Das hatte eine sehr kraftvolle Wirkung. Bly lud auch seinen Gehilfen bei den Herrenrunden im Wald, den Mythologen Michael Meade sowie den Autor James Hillman zu einer Zusammenarbeit ein, aus der letztlich eine sehr erfolgreiche Poesie-Anthologie für Männer mit dem Titel *The Rag and Bone Shop of the Heart* hervorgehen sollte.

Der relativ scheue, aber umso talentiertere Galway Kinnell äußerte sich so über seinen Freund:

> Robert sprach über alles mit größtmöglicher Überzeugung und ich war mir sicher, dass es sich bei ihm um einen unbeugsamen Dogmatiker handelte. Allerdings stellte sich das komplette Gegenteil als wahr heraus. Er fühlte sich vielmehr zu neuen Wahrheiten hingezogen, auch wenn diese von jemand anderem stammten, als sich an alte zu klammern – sogar wenn er diese selbst postuliert hatte. Inmitten eines Gesprächs konnte man ihn für eine Idee gewinnen, die im krassen Gegensatz zu jener Vorstellung stand, die er selbst gerade eben zum Ausdruck gebracht hatte.

Genau deshalb stellte ich Bly bei einer Poesie-Lesung in Los Angeles einmal so vor: „Robert Bly ist ein echter Mensch. Er sagt, dass 25 bis 40 Prozent dessen, was er so von sich gebe, absoluter Quatsch sei. (Ist doch schön, wenn man weiß, was einen erwartet!) Robert Bly ist ein richtiger Mann." Damit meinte ich, dass er zwar über starke Überzeugungen verfügte, aber auch nicht abgeneigt war, hinterfragt zu werden. Paul Feroe, der eines von Roberts Büchern verlegt hat, brachte die Stimmung bei einer Bly-Lesung auf den Punkt:

> Man sieht die Begeisterung und wird Zeuge, wie Ideen zwischen dem Publikum und der Bühne hin- und herfliegen. Es ist einfach unglaublich. Die Leute hält ob ihrer Gedankenblitze nichts

mehr auf ihren Plätzen, sie stehen Schlange an den Mikrofonen, um ihre Einsichten zu teilen, oder sie rufen sie einfach hinaus. Den meisten kann dieser Austausch von Energie gar nicht lange genug dauern. Robert hat nun einmal diese Wirkung auf Menschen. Er ist ein wahrhaft bemerkenswerter Musiker, Poet und Zauberer. Ein Mensch eben.

XIX. Barbara Morrison

Soul Sister

Blues-Töne von hoher Qualität.

„Du bist wohl noch nicht oft in dieser Gegend gewesen, oder?“, scherzte sie.

„Was soll das denn heißen? Ich bin schon viele, viele Male in Lemert Park gewesen!“, verteidigte ich mich. „Ich habe immerhin das Soundsystem im World Stage springen lassen!“ Das World Stage war ein Konzert- und Kunstlokal, das der großartige Jazz-Drummer Billy Higgins eröffnet hatte.

Sie machte mich fertig und ließ nicht locker: „Wir sagen ‚black ass, please‘ und nicht ‚black-eyed peas‘!“ Ich fiel fast auf den Boden des Delicious, jenes Restaurants, wo wir zu Mittag aßen. Allerdings hatte ich meine Fassung bereits wiedererlangt, als ich an der Reihe war, meine Mahlzeit zu bestellen: „Ich nehme Blattkohl, *black ass peas* und überbackenes Hühnchen mit Soße.“

Da ich mit der inoffiziellen Bürgermeisterin des Viertels unterwegs war – und jeder in der Gegend kennt und liebt Barbara Morrison –, sah die afroamerikanische Kellnerin davon ab, mir für meine Frechheit den Kopf abzureißen. Sie lachte in sich hinein – vermutlich auf Kosten des armen Weißbrots, das da mit Barbara saß. Dann fiel mir ein, dass mein Arzt mir erst unlängst nahegelegt hatte, beim Essen das Fett wegzulassen. *Scheiß drauf!* Immerhin befand ich mich in Gesellschaft einer Person, die vor Soul nur so strotzte, da wäre es wohl kein größeres Problem, wenn ich jetzt einen Herzanfall erleiden würde.

Mein gesundheitliches Karma war komplett unwichtig angesichts dieser wunderschönen 65-jährigen schwarzen Frau, die einem so wie Aretha Franklin oder Janis Joplin Gänsehaut bereiten konnte, wenn sie nur eine einzelne Note sang.

Während wir so an unserem Tisch saßen, kamen immer wieder Leute vorbei, die alle überaus freundlich waren. Das alles ereignete sich nach dem infamen Zwischenfall in Ferguson, Missouri, im Jahr 2014. Aber da ich mich in Begleitung der „Queen" befand, klopften mir Typen mit Dreadlocks bis zu den Hüften auf die Schulter und vermittelten mir ein überaus positives Gefühl.

Ich war in diese späte Freundschaft mit dieser Soul Sister gestolpert, als sie mit einer Band bei einer Überraschungsparty anlässlich meines 50. Geburtstags gesungen hatte. „Hi! Ich bin Jims Schwester, Barbara Morrison … schön, dich zu treffen! Möchtest du kurz mal einspringen!" Das ist die Art von Humor, die unablässig aus ihrem so talentierten Mund sprudelt. Einem Mund, der imstande ist, dreieinhalb Oktaven abzudecken. Damit ließ sie alle anderen Gesangsinterpreten bei einer Hommage für Sarah Vaughan in der Hollywood Bowl alt aussehen.

Als sie als junge Sängerin versucht hatte, im Musikbusiness Fuß zu fassen, hatte Barbara gewusst, dass es schwierig werden würde. Also hatte sie aus dem Telefonbuch Sammy Davis Jr.'s Nummer herausgesucht und ihn angerufen. Kaum vorstellbar, aber wahr! Und er hatte tatsächlich abgehoben und ihr erklärt, dass er ihr nicht helfen konnte, aber einen Typen kannte, der Sänger managte, einen gewissen Mr. Brown. Barbara hatte daraufhin diesen Mr. Brown angerufen und es hatte sich herausgestellt, dass es sich bei ihm um den meisterhaften Jazz-Bassisten Ray Brown handelte, der sich unter anderem um Ella Fitzgeralds Agenden kümmerte. Er sagte Barbara, dass sie sich in zehn Jahren wieder melden sollte, wenn sie sich erst einmal bewährt hätte.

Zu seiner Überraschung hatte sie ihn zehn Jahre später tatsächlich wieder angerufen. Da hatte er dann gesagt, dass sie noch einmal zehn Jahre warten sollte! Ms. Morrison, die nie einen Gedanken ans Aufgeben verschwendete, ließ sich auf Engagements bei Ernie Andrews und James Moody ein und begleitete Ray Charles auf Tour. Bei einem dieser Gigs sah sie die legendäre Songschreiberin Carole King im Backstage-Bereich. „Wo sind denn die Raelettes?“, fragte King. „Ich würde sie gerne kennenlernen?“

„Heißt du etwa Carole?“

„Ja.“

„Carole King?“

„Ja.“

„Sie sprechen gerade mit einer der Raelettes! Kommen Sie doch mit.“

Später erzählte mir Barbara, dass die anderen Sängerinnen nicht wussten, dass Carole King Aretha Franklins größten Hit „Natural Woman“ komponiert hatte. Morrison ist ein wandelndes Musiklexikon. Sie kennt alles und jeden.

In weiterer Folge sang Barbara mit Größen wie Jimmy Smith, Dizzy Gillespie, Count Basie, Joe Williams, Kenny Burrell, Ron Carter, Etta James, Dr. John, Johnny Otis und Tony Bennett. Wieder zogen zehn Jahre ins Land und sie trat weiterhin auf und sang mit Gerald Wilson, Esther Phillips, Terence Blanchard, Mel Torme, Nancy Wilson, Joe Sample, Keb' Mo', Stevie Wonder, Dianne Reeves, Chaka Khan, Dionne Warwick und Lou Rawls. Dann rief sie erneut bei Ray Brown an. Nun sagte er: „Komm nach New York. Du trittst mit mir im Blue Note auf.“ Das Blue Note war ein legendärer Jazzclub in New York City. Barbara hatte aber gerade ein Engagement in Schweden. Sie würde gleich darauf in den Big Apple jetten, von wo aus sie im Anschluss nachhause nach Los Angeles weiterreisen könnte. Ein paar Tage später schaltete sie den Flimmerkasten an und sah auf CNN eine Einblendung am unteren Rand des Bildschirms vorbeiziehen: „Der große Jazz-Bassist Ray Brown ist im Schlaf verstorben.“

Da konnte man schon den Blues bekommen. Barbara verstand es, dieses Gefühl zu leben. Sie hatte sicher genug geleistet, um die „Blue

Notes" singen zu dürfen. Auch hatte sie mit gesundheitlichen Problemen zu kämpfen gehabt. Als sie eines Tages in den Bus gestiegen war, brach sie zusammen. Sie wurde daraufhin sofort ins Krankenhaus transportiert, wo der Arzt sie fragte, ob sie vergessen hätte, sich ihre Spritzen zu setzen. Barbara hatte keine Ahnung, dass sie unter Diabetes litt. Die Diagnose erfolgte erst so spät, dass ihr gleich beide Füße amputiert werden mussten.

Als ich sie an diesem Tag ins Delicious ausführte, fragte ich sie, ob sie überhaupt gehen könne. Daraufhin stand sie auf und begann zu tanzen. Sie würde schon bald neue Prothesen erhalten, erklärte sie mir. Wenn ihr nun irgendjemand blöd käme, würde sie mit ihren starken Beinen ein paar Arschtritte austeilen.

Barbara Morrison ist eines der besten Beispiele dafür, dass der Geist über die Materie triumphieren kann. Sie verkörpert die Vorstellung, dass uns mehr ausmacht als bloß unser Fleisch und unsere Knochen. Wir bestehen aus Klängen, aus Tönen, aus Sound. Für sie ist alles Musik. Sie isst, trinkt und atmet Musik. Barbara Morrison betreibt ein Zentrum für Bühnenkunst und singt sich überall, wo man sie lässt, die Seele aus dem Leib – und wir können uns glücklich schätzen, ihr zuhören zu dürfen.

XX.

Seine Heiligkeit, der Dalai Lama

Der Zen-Guru

Folgt keinen Führern, behaltet lieber die Parkuhr im Auge.

Mir unterlief ein Fehler, als ich den Dalai Lama traf. Er reagierte auf angemessene Weise darauf. Aber so weit sind wir noch nicht.

Ich war schon seit vielen Jahren ein Bewunderer des Dalai Lama. Deshalb weckte es mein Interesse, als ich hörte, er würde bei einer Benefizveranstaltung für die Tibetan Foundation im Beverly Wilshire Hotel auftreten. Die Eintrittskarte kostete ein paar hundert Dollar. Darin enthalten war ein Dinner in einem riesigen Saal. Der Dalai Lama würde auf der Bühne an einem Tisch mit mehreren Filmstars Platz nehmen. Wenn man 500 Flocken hinzublättern bereit war, gab es zum Abendessen noch ein privates Darshan vom großen Mann höchstpersönlich dazu. Im Hinduismus ist ein Darshan ein Segen, der einem von einem Guru erteilt wird. Da wollte ich nicht fehlen.

Beim Empfang versammelte ich mich mit all den anderen, die sich bereiterklärt hatten, den Aufpreis zu bezahlen. Ich bezog Aufstellung in einer langen Schlange von ungefähr 200 Glaubensbrüdern und -schwestern, die alle auf ihren großen persönlichen Augenblick warteten. Ganz vorn konnte ich den bebrillten Mönch erkennen. Er hatte wie sonst auch seine rot-orangene Robe über eine seiner Schultern drapiert. Links und rechts an seinen Seiten standen Harrison Ford und Richard Gere. Es war interessant, wie meine Emotionen, je mehr ich mich ihm näherte, zum Vorschein kamen. War das reine Projektion oder war es der Dalai Lama, der dies verursachte? Egal. Es fühlte sich jedenfalls sehr reinigend an, als sich meine Tränendrüsen öffneten.

Harrison Ford hatte an der UCLA Schauspiel studiert, als meine alten Bandkollegen die Filmschule besuchten. Sie hatten ihn als technischen Gehilfen für jene Crew engagiert, die uns in der Hollywood Bowl filmte. Also kannten wir uns bereits. Damals war er ein exzellenter Zimmermann, der uns beim Bau der Bühnenkulissen aushalf. Als ich ihm gegenüberstand, stellte ich mich noch einmal vor. Gemeinsam erinnerten wir uns an Paul Rothchild, unseren alten Produzenten. Paul war erst unlängst von uns gegangen und ich wusste, dass Harrison mit ihm befreundet gewesen war. „Das Kettenrauchen von Joints hat ihn erledigt", sagte ich. Harrison witzelte: „Yeah, ich halte mich besser ein wenig zurück!" Wir lächelten einander an.

Dann näherte ich mich dem berühmten Mystiker. Er legte mir einen weißen Schal um den Hals. Das war so Tradition. Dann passierte es. So wie Jim, als er meinen alten Guru, den Maharishi, traf, folgte ich dem Impuls, tief in die Augen des Dalai Lama zu blicken. Jedenfalls tief genug, um es als aufdringlich misszuverstehen. Ich gab dem Impuls nach, da ich wusste, dass er im Besitz von Wahrheit war. Aber ich ging zu weit. Als ob meine Augen gesagt hätten: *Beweise es! Beweise, dass du so toll bist wie dein Ruf!*

In diesem Moment ereilte mich die Zen-Backpfeife. Der Dalai Lama wusste, dass ich meine Grenzen – oder seine Grenzen – überschritt, indem ich durch die Fenster seiner Seele starrte. Er streckte mir seine Hand entgegen. Ich dachte, er wollte sie mir zur Begrüßung reichen, doch stattdessen schubste er mich weiter zu Richard Gere. Ich schüttelte Gere herzlich die Hand und zog Leine.

Ich sah Michael Stipe, den Sänger der Rockgruppe R.E.M., an der Seite stehen und verwickelte ihn in ein Gespräch. Er sagte, dass der Dalai

Lama all diese Leute quasi herunterspulte, weil er müde war. Ich fühlte mich immer noch emotional aufgewühlt. Was war denn da bloß vorgefallen? Mir war klar, dass mir Karma die Rechnung dafür präsentiert hatte, dass ich meine Kompetenzen überschritten hatte. Ein Teil von mir war sehr froh darüber, wie der Dalai Lama mich behandelt hatte. Es war nur so unerwartet, weil ich ihn auf ein Podest gehoben hatte.

Könnt ihr euch vorstellen, wie es für eine Figur öffentlichen Interesses wie einem spirituellen Anführer sein muss, wenn so viele Fremde einen treffen wollen? Ich kann das. Tatsächlich habe ich erlebt, wie Doors-Fans komplett durchgedreht sind, als sie meine Wenigkeit trafen. Manchmal fühlte sich das komisch an. Bloß weil man im Fokus der Öffentlichkeit steht, heißt das noch lange nicht, dass man auf alles eine Antwort weiß. Wie ich schon in meinem ersten Buch geschrieben habe: Auch wir müssen aufs Klo und auch unsere Ehen gehen in die Brüche. Also wusste ich es bis zu einem gewissen Grad zu schätzen, dass mich der Dalai Lama zurechtgewiesen hatte.

Aus irgendeinem Grund hatte ich noch beim Dinner Tränen in den Augen. Damals in den Sechzigerjahren, als ich mit dem Maharishi abhing, war die Stimmung von durchdringender Schönheit geprägt. *All you need is love* … Ja, so war das damals. Die Gefühle, die sich während des tibetanischen Dinners breitmachten, spiegelten mein Innerstes wider. Wie George Harrison in „Pisces Fish" geschrieben hatte:

There's a temple on an island
I think of all the Gods and what they feel
You can only fnd them in the deepest silence
I got to get off of this big wheel

Ich muss mich nicht dem Krebs stellen, wie das der transzendentale, „stille" Beatle tun musste, weshalb ich mich nicht so sehr danach sehne, aus dem karmischen Kreislauf auszubrechen. Doch in meinem Alter lässt sich nicht verleugnen, dass die „große Stille" auch nicht mehr weit ist. Doch was ist Stille anderes … als Musik! „Die

Musik steckt nicht in den Noten, sondern in der Stille dazwischen", sagte schon der große Mozart. In jedem von uns läuft eine internalisierte Sinfonie ab, und wenn Coleman Barks, der so großartig Rumi übersetzt hat, richtig liegt und der Mikrokosmos den Makrokosmos hinsichtlich seiner Größe übertrifft, dann spielt sich in unserem Geist eine musikalische Soiree sondergleichen ab, der wir uns jederzeit und ganz nach Wunsch hingeben können. Auch in dieser Hinsicht traf Sri Swami Satchidananda, der heilige Mann aus Indien, der das Woodstock Music Festival eröffnete, den Nagel auf den Kopf:

> Und nachdem ihr alle [500.000 Musikfans] von ganzem Herzen miteingestimmt habt, werden wir im Anschluss an unseren Chant eine ganze Minute lang in Stille verweilen. Nicht einmal die Kameras werden dann klicken. Und während dieser einen Schweigeminute werdet Ihr die große Macht dieses wundervollen Klangs und den wunderbaren Frieden, die er in euch und der Welt hervorrufen kann, spüren.

Der Dalai Lama, der keiner Kreatur etwas zuleide tun will, nicht einmal einer Ameise, verkörpert Gewaltlosigkeit in einer überaus gewalttätigen Welt. Sein Leben zeigt auf höchst dramatische Weise diese beiden Gegensätze auf. Deshalb kann ich seinen Song auch so laut und klar vernehmen. Der individuelle Lebensweg ist nämlich wie ein Song, der sich über ein ganzes Leben erstreckt. Rumi weiß, was Sache ist:

> Widme mehr von deinem Leben dem Zuhören …
> … damit du derjenige bist, der zu dem deiner Brust innewohnenden Ohr spricht. Ich sollte meine Zunge verkaufen und dafür tausend Ohren kaufen, wenn der Eine nähertritt und zu sprechen beginnt.

Egal, ob dein Song eine entspannte Ballade oder eher die perfekte Party-Salsa ist, der springende Punkt ist, dass man zuhören muss, um dann mit viel Gefühl einzusteigen.

Der offizielle Titel des Dalai Lama lautet „Inkarnation der Barmherzigkeit". Im Gegensatz zu uns allen, die wir wie wildgeworden herumlaufen, ist er definitiv erfrischend wie ein tiefer Atemzug. Hiermit fordere ich euch Leser auf, endlich einmal innezuhalten – wir sind ohnehin am Ende des Kapitels angelangt. Atmet alle einmal richtig tief durch. Dann atmet aus und lauscht der Stille.

XXI.

Gustavo Dudamel

Der Rocker und der Dude

„Juan, Mahler ist Heavy Metal, sí?"

Die nächste Person, die ich getroffen habe, versteht die Wirkmacht der Stille voll und ganz. Sie verdient Geld damit, Klänge und Sounds zu fabrizieren. Ganz wunderschöne sogar!

Ich spielte die Doors-Karte aus, um in den Green Room der Walt Disney Concert Hall vorzudringen. „Glaubst du, dass der Maestro gerne Jim Morrisons Schlagzeuger kennenlernen möchte?", fragte ich den Security-Mann. Daraufhin wurden meine Freundin Ildiko und ich hinter die Bühne durchgewunken. Im Schlepptau hatten wir noch den Filmmusik-Komponisten Charles Bernstein und seine Frau. Dann mussten wir erst einmal warten. Und warten.

Zum Teil auch aufgrund der Tatsache, dass ich schon in jungen Jahren mit Orchestermusik in Berührung gekommen war, hatte ich die Vermutung, dass wir auf jemanden warteten, der in der Lage wäre, Leonard Bernsteins Erbe anzutreten und vielleicht der größte Dirigent klassischer Musik des 21. Jahrhunderts zu werden. Da konnte ich noch nicht wissen, dass der „Dude" – wie der Hotdog, der nach ihm bei Pink's, einem legendären Hotdog-Stand in Los Angeles, benannt ist – noch aus seinem Smoking in ein Poloshirt und Slacks schlüpfte, nachdem er das Los Angeles Philharmonic Orchestrazu einer unglaublich schwungvollen Interpretation vonHector Berlioz' *Symphonie Fantastique* dirigiert hatte.

Als wir endlich ins Allerheiligste gelotst wurden, war dieses bereits gut gefüllt. Placido Domingos Sohn stellte sich uns vor. Auch der Rest der Versammlung wirkte sehr wichtig. Aber nicht so wichtig wie der Mann der Stunde: Gustavo Dudamel. Er lächelte mich an, gab mir die Hand und verbeugte sich. Seine Lockenpracht hing über mein Handgelenk, während er sich fast eine Minute lang nicht mehr erhob. Echt peinlich. Aber auch sehr schmeichelhaft! Diese Ehrerbietung war ein guter Indikator für die Reichweite des Musikgeschmacks dieses jungen Mannes.

Sechs Monate später las ich einen Artikel über den 27 Jahre alten Dirigenten. Darin erklärte er, dass er sich auch mit Led Zeppelin, Salsa und Jazz auseinandersetzte. Ich hatte auch Dudamels Interview bei *60 Minutes* verfolgt und war von seiner Bescheidenheit schwer beeindruckt. Der Interviewer wollte, dass er seine Rolle als meistbegehrter Dirigent der Welt akzeptierte. Er sagte immer wieder: „Ich muss noch viel lernen." Ich klickte sein YouTube-Video an, in dem er mit dem venezolanischen Jugendorchester auftrat und war ganz von den Socken. Bei Leonard Bernsteins „Mambo" ließ er die Musiker aufstehen und tanzen – während sie spielten! Somit wusste ich noch vor vielen anderen Leuten, dass da jemand ganz Besonderes von Caracas nach „Disneyland" kam.

Nachdem er sich von seiner Verbeugung wieder erhoben hatte, fuhr ich mit dem Drehbuch fort, das ich mir im Kopf zurechtgelegt hatte. „Gustavo, ich bin nicht wegen deinen langen Haaren hierhergekommen!" Der gesamte Raum brach in Gelächter aus. Lange bevor Rock'n'Roller sich ihre Mähnen über die Ohren wachsen ließen, hatte man klassische Musik als „Musik für Langhaarige" bezeichnet. So mancher Rockmusiker der British Invasion der 1960er hatte vielleicht eine Anleihe bei den Klassik-Jungs genommen. Die Haarpracht der Kinks, der Rolling Stones und der Zombies ähnelte definitiv Beethovens Lockenpracht. Nun standen unsere beiden Genres, Klassik und Rock, in einer Beziehung zueinander und waren verbunden. Ein paar Fatzkes meinten, dass sich die Ähnlichkeiten auf die Frisuren beschränkten, aber mir war es ein Anliegen zu beweisen, dass da mehr dahintersteckte. „Ich spielte Kesselpauken bei einem Berlioz-Stück in der High-School. Deine Welt ist mir also vertraut." Das venezolanische Wunderkind strahle übers ganze Gesicht. Liebenswert wie er war, ließ er sich mit jedem fotografieren. Es schien ihm Spaß zu machen.

Der neue Dirigent des Los Angeles Philharmonic Orchestra, Maestro Gustavo Dudamel, ist ein Paradebeispiel für die Wirksamkeit des venezolanischen Sozialprojekts El Sistema, in dessen Rahmen armen Kindern klassische Musik nähergebracht wird. Seine Begeisterung für El Sistema kennt schon deshalb keine Grenzen, da er genau weiß, wie viel er dem Programm zu verdanken hat. Natürlich will er auch etwas zurückgeben. Denn die Kinder sind Gustavo ein großes Anliegen. Das hat er mit dem leider schon verstorbenen Gründer von El Sistema, José Abreu, gemein. Abreu fasste den Zauber des Programms einmal so zusammen: „Wenn man einem Kind ein Musikinstrument in die Hand drückt, wird es keine Waffe anfassen."

Auch wenn diese Vorstellung schon recht alt ist, ist es immer noch irgendwie ein *milagro*, ein Wunder, dass es tatsächlich funktioniert. Der kreative Impuls, der jedem von uns innewohnt, kann wie ein *curandero*, ein Heiler, auf uns einwirken, wenn es darum geht, die Sackgassen, in denen sich arme Kinder oft wiederfinden, umzudeuten und stattdessen neue Wege, die in unzählige Richtungen führen, zu erschließen. In den USA begriff man die Effizienz dieser Idee erst mit Verzögerung. Tatsächlich ist es einigermaßen blamabel für unser Land mit all seinem Reichtum und seiner Vielzahl an Ressourcen, dass es die Budgets für Kunst und Kultur ständig reduziert, anstatt sie zu erhöhen. Vor allem würde sich ein solcher Ansatz als Gegenmittel für die zunehmende Schusswaffengewalt in den USA anbieten. Stattdessen klammern wir uns an unsere ignorante Sichtweise, dass Südamerika unseren Namen abgekupfert habe. Wir wissen zwar, dass sich südlich unserer Landesgrenzen etwas abspielt, aber wir wissen nicht, um was es sich dabei konkret handelt.

Die Idee, Kindern statt Waffen Musikinstrumente in die Hände zu drücken, stammt aus einem Land, das einer unserer ehemaligen Präsidenten als Teil der „Achse des Bösen" bezeichnet hat. Venezuela hat definitiv mit politischen Querelen zu kämpfen, aber manche venezolanischen Würdenträger machen zumindest eins richtig: Sie wissen, dass Kunst und Kultur der Klebstoff zwischen den Völkern sind. Wenn wir uns anderen gegenüber öffnen und einander zu verstehen versuchen, könnten wir uns besser vertragen. Dieses gegenseitige Verständnis ist mittlerweile aus der weltweiten Klassik-Community nicht mehr wegzudenken.

Der großartige Quincy Jones sagte einmal: „Brahms, Beethoven, Basie, Bo Diddley und Bird haben sich alle auf dieselben zwölf Noten verlassen." Die ganze enorme musikalische Vielfalt der Welt beruht auf dieser chromatischen Tonleiter. Vielleicht liegen Dudamel und El Sistema ja goldrichtig und Musik ist tatsächlich imstande, die Welt zu retten. Die USA sind ein großer Schmelztiegel – ein großartiges Experiment, das heute eine größere Anzahl an unterschiedlichen Kulturen beherbergt als jede andere Nation. Um alle Kulturen auf diesem Planeten im Schnellverfahren zu einen, muss man nur die Energie der Kunst in die richtigen Kanäle leiten.

Musik hat zweifellos mein Leben verändert. Als 14-jähriger Musikschüler an der Junior High sah ich einen sentimentalen Film über Johann Strauss, der mich so richtig ins Schwärmen brachte. Mein Musiklehrer Mr. Armour bemerkte meine Begeisterung und meinte, er könnte ihn mir im Anschluss an den Unterricht noch einmal vorspielen. Ich saß mit meinem Lehrer im ansonsten menschenleeren Raum und schluchzte zum Donauwalzer. Ich war ganz gefesselt. Damals konnte ich noch nicht wissen, welch wichtige Rolle Musik in meinem Leben noch spielen würde. Der Dichter William Stafford hat dieses Gefühl in seinem Gedicht „The Way It Is" auf den Punkt gebracht:

> There's a thread you follow. It goes among
> things that change. But it doesn't change.
> People wonder about what you are pursuing.
> You have to explain about the thread.

But it is hard for others to see.
While you hold it you can't get lost.
Tragedies happen; people get hurt
or die; and you suffer and get old.
Nothing you do can stop time's unfolding.
You don't ever let go of the thread.

Als Gustavo fünf Jahre alt war, platzierte er seine Spielzeugfiguren in einem Halbkreis wie ein Orchester. Eine postierte er auf einem kleinen Podium aus Karton. Dann legte er Platten mit klassischer Musik auf. Er befahl seiner Mom, nichts daran zu verändern, weil er später vielleicht noch Lust hätte, selbst eine Runde zu dirigieren. Wenn ich unsere Kindheitserinnerungen einander gegenüberstelle, möchte ich auf keinen Fall implizieren, dass ich in derselben Liga wie der Maestro spiele. Die einzige Gemeinsamkeit besteht darin, dass wir beide mit unseren Armen wedeln und dabei Stöcke in Händen halten.

Mein zweiter Besuch im Green Room war nicht weniger aufregend als der erste. Wir betraten die Disney Concert Hall, eine von Frank Gehry entworfene stählerne Rosenknospe, und fanden uns sogleich im mit Holz verkleideten Konzertsaal wieder. Dieser Ort besitzt ein solch einladendes Flair, dass es ganz egal ist, wer dort auftritt. Sich in diesem Raum aufzuhalten, fühlt sich an, als wäre man in die Gebärmutter zurückgekehrt. Der Maestro betrat unter großem Beifall die Bildfläche – dabei hatte er noch nicht eine einzige Note dirigiert. Die Bewunderung, die sein Orchester ihm entgegenbrachte, war bereits spürbar. Seitdem ihn meine Freundin und ich ein Jahr zuvor kennengelernt hatten, hatte er seine wilden Haare etwas zurechtschneiden lassen und ein paar Pfund zugelegt. Doch selbst jetzt wirkten seine Locken noch wild und unkontrollierbar. Vielleicht wollte er seine Haare zähmen, damit sie beim Dirigieren nicht von seinen Armen ablenkten. Dennoch schienen sie alles, was er mit seinen Armen tat, zu akzentuieren.

Der neue Dirigent des Los Angeles Philharmonic Orchestra legte los, indem er zunächst seinen Augenbrauen das Dirigieren überließ.

Und seinen Fingerspitzen. *Pianissimo*. Wie ein Kätzchen, das mit einer kleinen Maus spielt. Dann nahm die Darbietung Fahrt auf und er tänzelte ein bisschen hinter seinem Dirigentenpult. Die Dynamik steigerte sich dann zu einem *fortissimo* und sein ganzer Körper schien das Orchester zu attackieren. Ich kenne ein paar Mitglieder dieses Orchesters. Obwohl er die Musik, die sie spielen, nicht komponiert hat, fühlt es sich für sie an, als würde der Dirigent, wie beim Jazz, die Musik im Moment erschaffen.

Als ich hörte, dass das Simón Bolívar Orchestra (das ehemalige venezolanische Jugendorchester) unter der Leitung des Dudes nach Los Angeles kommen würde, erreichte meine Vorfreude den Siedepunkt. Ich würde eine Dosis dessen erhalten, was mittels El Sistema bereits 700.000 jungen Venezolanern geholfen hatte. Es war ein echter Kulturschock, in der Disney Concert Hall in Los Angeles zu sitzen und ein Orchester zu sehen, das aus 100 Musikern in ihren Zwanzigern bestand, deren Haare allesamt pechschwarz waren und deren Haut einen olivefarbenen Teint aufwies. Sie fielen über eine Auswahl europäischer klassischer Musik her, als gäbe es kein Morgen. Das Simón Bolívar Orchestra aus Venezuela spielte die Werke 200 Jahre alter weißer Europäer, die längst tot waren, als würde ihr Leben davon abhängen. In manchen Fällen mag das auch tatsächlich der Fall gewesen sein. Sie spielten mit einer solchen Begeisterung, dass das Publikum wie bei einem Rock-Konzert aufsprang und „Zugabe, Zugabe!“ skandierte.

Im Rahmen einer Reportage auf PBS, die sich dem Phänomen Dudamel widmete, stellte Tavis Smiley eine berechtigte Frage, woraufhin der Maestro mit einer angemessenen Antwort konterte: Dirigierte Dudamel „unzeitgemäße“ Musik? Der stets geistesgegenwärtige Gustavo sagte: „Das kann man so nicht sagen … immerhin interpretieren wir diese Musik auf neue Art und Weise!“ Das traf den Nagel auf den Kopf. Als ob es keiner von uns kommen gesehen hätte: Beethovens Arsch wurde mit einer Salsa-Injektion reanimiert! Die Venezolaner haben lateinamerikanische Musik im Blut und selbst ihre Sinfonieorchester spielen im Stehen und tanzen dabei, wenn ihnen danach ist. Die Quelle ihrer Begeisterung ist offensichtlich. Nur zu gut wissen die Musiker, dass El Sistema wahrscheinlich den einzigen Ausweg aus jener tristen Existenz darstellt, in die sie hineingeboren wurden. Deshalb proben sie sich den Arsch ab.

Die Schattenseite besteht darin, dass denjenigen, die sich ihre Kräfte besser einzuteilen verstehen, eine längere Karriere beschieden ist. Ebenso wie das 33-jährige Tennis-Ass Rafael Nadal leidet auch der so begnadete 39 Jahre alte Dirigent aus Caracas, Gustavo Dudamel, gelegentlich unter körperlichen Verschleißerscheinungen. Nadal schlägt jeden Ball, als ob es sein letzter wäre. Dudamel dirigiert jede einzelne Note einer jeden Sinfonie mit derselben Leidenschaft. Während der Tennisspieler über Knieprobleme klagt, bereiten dem Dirigenten seine Schulter und sein Nacken Probleme. Aber natürlich ist es auch sehr aufregend, jemandem dabei zuzusehen, wie er in jedem Moment einfach alles gibt. Die Konzentration, die sie an den Tag legen, ist erstaunlich.

Ich hätte mir nie vorstellen können, dass die Übernahme des Sinfonieorchesters durch Gustavo ein paar Jahre später eine ganze Millionen-Metropole begeistern würde. Die Feier anlässlich des 100. Geburtstags des Los Angeles Philharmonic Orchestra mitsamt dem jungen Visionär am Steuer war ein unglaubliches Ereignis. Die Straßen von Los Angeles waren für Autos gesperrt und nur für Fußgänger und Radfahrer geöffnet. Verteilt über eine Strecke von 13 Kilometern, von der Disney Concert Hall bis zur Hollywood Bowl, spielten 1.800 der vielfältigsten Musiker des Planenten: Streichquartette des Philharmonic Orchestra, Mariachis aus Mexiko, Bläser aus Mittelamerika – sie alle waren gekommen, um die vielen unterschiedlichen Kulturen der „City of Angels“ zu repräsentieren und zu zeigen, dass rund um den Quell der Kreativität keinerlei Mauern existieren. Den Festzug führte an diesem Tag aber der Maestro selbst an. Begleitet wurde er dabei von seiner Frau und seinem Sohn. Zu dritt fuhren sie mit ihren Fahrrädern durch die Stadt!

Ja, es findet eine Revolution statt und ich hatte diesbezüglich bereits eine leise Vorahnung, als ich den Dude als Gast-Dirigenten des Los

Angeles Philharmonic Orchestra ein paar Jahre zuvor erlebt hatte. Allerdings war mir nicht bewusst, welche Ausmaße alles annehmen würde. Wenn Latino-Musiker europäische klassische Musik mindestens ebenso gut verstehen wie ihre weißen Kollegen in Europa, dann findet ein Heilungsprozess statt. Der Rassismus wird schwächer und Grenzen werden gesprengt. Aber wenn selbst hellhäutige Menschen sich für Salsa begeistern können und so mancher Afroamerikaner eine Vorliebe für Country hat …

Die Stadt der Engel kann sich gesegnet schätzen. Beinahe wäre uns der junge Bilderstürmer aber durch die Lappen gegangen, denn auch das Chicagoer Sinfonieorchester unterbreitete ihm ein Angebots – nur war man dort einen Tag zu spät dran und Gustavo hatte schon in Los Angeles unterschrieben. Allerdings fühlt es sich absolut richtig an, ihn hier bei uns zu haben, da die Hälfte unserer Bevölkerung auf hispanische Wurzeln verweisen kann. Es ist wie ein Sechser im Lotto! Ich hoffe nur inständig, dass Gustavo die USA unbeschadet übersteht. Damit meine ich, dass es sich hier um ein Land handelt, dass Prominente zuerst aufbaut, nur um sie dann wieder vom Podest zu stoßen. Allerdings glaube ich, dass er aufgrund seiner Bescheidenheit über die richtige Erdung verfügt.

Diese Gedankengänge veranlassten mich zu einer kessen Bemerkung, als wir den Green Room wieder verließen: „Gustavo, seitdem wir uns das letzte Mal getroffen haben, vor vielen Jahren, hast du viel erlebt." Er nickte. „Ich habe noch einen Ratschlag für dich, an den du dich aber ohnehin schon hältst." Seine Augen weiteten sich. „Vergiss mir ja nicht zu atmen!" Dieser enorm talentierte junge Mann lachte lauthals und sagte: „Bitte, lass dich bald wieder blicken!" Das werden wir sicher tun. Immer und immer wieder!

Unlängst kämpfte ich mich wieder durch den undurchdringlichen Verkehr von Los Angeles, um den Dude zu sehen. Gustavo trat erneut im Rahmen eines großen Festivals auf. Dieses Mal stand Mahler auf dem Programm. Er hatte das Los Angeles Philharmonic Orchestra darauf vorbereitet, sämtliche neun Sinfonien Mahlers innerhalb von nur ein paar Wochen aufzuführen. Eine wahre Herkulesaufgabe!

An diesem Abend stand die Siebte Sinfonie auf dem Programm. Wieder einmal schien die Zeit stillzustehen, als der Lockenkopf aus Venezuela zum Dirigentenstab griff. Am Ende des letzten Satzes, als der Maestro mit seinem Stab die allerletzte Note dirigierte, war das ein Moment für die Ewigkeit. Dudamel versteht wie auch John Cage, dass die stillen Pausen nicht weniger wichtig sind als die lauten Töne.

Wenn er ein Stück zu Ende dirigiert hat, lässt er seine Arme nicht gleich fallen. Er wartet noch, bis die Muse den Raum wieder verlassen hat. Tatsächlich dauert das länger als bei jedem anderen Dirigenten, den ich je erlebt habe. Wenn sein Publikum zunächst jede Menge Musik aufgesogen hat, wie das etwa bei einer 45-minütigen Sinfonie der Fall ist, weiß der Dude einfach, dass eine lange Phase der Stille notwendig ist, um die Balance wiederherzustellen. Manchmal scheint er uns mehrere Minuten lang zappeln zu lassen, bevor wir endlich applaudieren dürfen. Die Stille kommt einem dabei so „laut" vor, dass sie Zeit und Raum zu durchdringen scheint.

Ich wurde Zeuge, wie Gustavo ein zeitgenössisches ungarisches Stück dirigierte, das sehr leise losging. Also erklärte er seinem Orchester, dass er zunächst zwei oder drei Takte Stille dirigieren würde, bevor das Stück wirklich einsetzte. Damit wollte er sicherstellen, dass seine Musiker so subtil und verhalten wie möglich begännen. Als Gustavo seinen Plan in die Tat umsetzte, reagierte das Publikum mit besonderer Aufmerksamkeit, denn es fragte sich, ob es bereits etwas hörte. Oder eben nicht. Was sie hörten war die Ergänzung zum Sound. Diese Erfahrung war pure Magie und erinnerte an eine echte Gruppenmeditation. Es fühlte sich sehr kostbar an. Fast hätte ich mir gewünscht, dass Gustavo den Bann noch länger aufrechterhielte. Doch als er ihn schließlich brach, war der Applaus nicht minder köstlich als das Warten darauf.

Der von mir geschätzte Klassik-Kritiker Mark Swed von der *Los Angeles Times* brachte das Feeling im Saal während der Aufführung gekonnt auf den Punkt: „Dudamel schreckt nicht davor zurück, die leisesten Passagen in einem fast nicht wahrnehmbaren Lautstärkebereich spielen zu lassen. Indem sich alle anstrengten, etwas zu hören, baute sich eine spürbare Spannung im Konzertsaal auf. Das darauffolgende Crescendo war schier überwältigend. Dudamel verharrte eine ganze Minute lang in stiller Meditation am Dirigentenpult. Sie erschufen eine perplexe, achtsame Stille." Aus der Stille entsteht der Klang. Wenn es sich um einen qualitativ ansprechenden Sound handelt – ganz egal, ob Sinfonie oder Rock-Song – und dieser letztendlich wieder in Stille übergeht, sollte es sich noch bedeutungsvoller anfühlen.

Im Anschluss an diese Darbietung bahnte ich mir meinen Weg in den Green Room. Als Gustavo mich erspähte, rief er: „Juan, Juan!" Ich sagte darauf: „El Maestro es poquito loco!" Daraufhin entfaltete sich eines unserer typischen Gespräche. Nach einem früheren Konzert des Los Angeles Philharmonic Orchestra hatte er mir einen Wodka-Shot in die Hand gedrückt, den ich mit verzogenem Gesicht kippte. Ein anderes Mal hatte ich versehentlich ein Bier über seine Berlioz-Partitur geleert – er meinte, dass er jedes Mal, wenn er sie nun öffnen würde, an mich denken müsste. Nun aber verbeugten wir uns wie immer voreinander, um unserem grenzenlosen Respekt gebührend Ausdruck zu verleihen. Er beanstandete, dass ich ihn bei diesem Spiel niemals würde übertrumpfen können, da er es mit seinen Verbeugungen fast bis ganz zum Boden schaffte. Als wir uns wieder erhoben, sagte mein Freund und musikalisches Idol: „Mahler ist Heavy Metal, sí?" Dann begann er, die zentrale Melodie des Stücks zu singen – und es klang tatsächlich wie eine Leadgitarre!

Ich unterbrach mein hysterisches Gelächter, als Gustavo mir zu erkennen gab, dass ich meinen Blick zu seiner linken Seite wenden sollte. Aus dem Augenwinkel erkannte ich, dass da Julie Andrews saß. Er stellte mich vor, bevor sie und Gustavo das Gespräch fortsetzten, das sie bei meiner Ankunft geführt hatten. So sagte sie, dass sie versuchen würde, ihn beim Dirigieren in London zu sehen. Er meinte, dass das fantastisch wäre, dann verabschiedete sich Julie auch schon. Ich war ein wenig enttäuscht, dass ich nicht die Gelegenheit hatte, sie zu fragen, ob sie jemals John Coltranes Version von „My Favorite Things" gehört hätte.

Während der Fahrt nachhause konnte ich meine Begeisterung kaum zügeln. Ich fühlte mich richtig aufgekratzt ob der Darbietung des Maestros. Es war, als ob wir alle seine Liebe für die Musik direkt in die Venen injiziert bekommen hätten – und nun pulsierte die Ekstase durch unsere Körper. An diesem Abend verstand ich es nur allzu gut, warum manche Menschen ihr Leben dafür aufs Spiel setzen, Musik zu hören, die so vollkommen im Einklang mit ihrer Seele steht.

Nachdem ich das Orchester meiner Heimatstadt noch viele Male besucht hatte, passierte etwas Außergewöhnliches. Gustavo rief mich persönlich an. Er informierte mich, dass die Philharmoniker ihre jährliche Benefizgala abhalten würden und das Motto dieses Jahr „California Soul“ lautete. Außerdem wollte er, dass ich mit ihnen spielte! Ich konnte mir gut vorstellen, wie einige Saisonkartenbesitzer wegen dieser Idee ihre Nasen rümpfen würden. Aber schon die Doors hatten es sich seinerzeit zum Prinzip gemacht, musikalische Barrieren niederzureißen. Immerhin hatten wir auf unserem ersten Album einen Song aus einer deutschen Oper gecovert, Bertolt Brechts „Alabama Song“. Außerdem feierten wir alle die Musik von Igor Stravinsky, Karlheinz Stockhausen und Miles Davis. Auf unserem zweiten Album hatten wir für Jims Gedicht „Horse Latitudes“ eine musikalische Begleitung in der Art der *musique concrète* komponiert und damit ein avantgardistisches, elektronisches und minimalistisches Konzept verfolgt. So wie den Maestro hatte die Musik der Welt auch diese Rockband inspiriert.

Das Programm, das Gustavo für die Gala vorschwebte, begann mit Jerry Goldsmiths „Love Theme“ aus dem Film *Chinatown*. Darauf folgten ein Werk des minimalistischen Komponisten John Adams und ein Stück von Frank Zappa. Als Nächstes sollte dessen Schülerin Julia Adolphe eine Weltpremiere zum Besten geben, bevor ein Stück von André Previn gespielt würde. Zum Abschluss sollte ich in Begleitung eines Orchesters „LA Woman“ spielen. Wow …

Innerlich schrie ich: *Ja!* Aber zuerst erkundigte ich mich, wer denn den Gesang übernehmen würde. Gustavo sagte, dass Chris Martin von Coldplay unbedingt singen wollte. Na gut! Ich erklärte, dass ich ebenfalls sehr an dem Projekt interessiert wäre. Ich kannte das wunderschöne Thema aus *Chinatown*, John Adams hatte für seine musikalischen Leistungen einen Pulitzer-Preis erhalten, Frank Zappa hatte zu unseren Kumpels gehört, als wir damals im Whisky a Go Go aufgetreten waren, und ich war schon ein großer Fan von Previns Jazz-Piano, bevor er zum Dirigenten des Los Angeles Philharmonic Orchestra avanciert war. Wollte ich mich darauf einlassen, mit 85 der besten klassischen Musiker der Welt zu spielen? Ja!

Ich begann meine Arbeit mit dem Konzertarrangeur David Campbell. Er war nicht nur der Vater des Musikers Beck, sondern konnte auch sonst auf einen beeindruckenden Lebenslauf verweisen. Als ich für gewisse Passagen Änderungen vorschlug, erklärte mir David, dass Sinfonieorchester und Broadway-Shows wie gigantische Kriegsschiffe funktionierten: Sobald sie erst einmal auf Kurs lagen, ließ sich dieser nur mehr schwer ändern. Er hatte sein Arrangement bereits einen Monat vorher einreichen müssen, damit die Streicher ihre Parts einproben konnten. Sämtliche Änderungen, die nun vorgenommen würden, kosteten Geld – und hier handelte es sich ja eigentlich um eine Benefizveranstaltung.

Auf mir lastete der große Druck, mit einem der weltbesten Orchester aufzutreten. Eigentlich war ich aber davon ausgegangen, ein wenig Mitspracherecht zu haben. Immerhin zeichnete ich mit meiner Band für das ursprüngliche Arrangement verantwortlich. Die Produzenten verhielten sich aber sehr entgegenkommend, als ich das Thema ansprach. Sie meinten, das wäre schon okay. Erstes Hindernis bewältigt.

Ich versuchte, meine Arme nicht anzuheben, als ich zum Dirigentenpult ging, um mich bei der ersten Probe direkt an das Orchester zu wenden. Unter meinen Achseln zeichneten sich Schweißringe ab. „Ich möchte nur sagen, dass es mir eine Ehre ist, einen unserer Songs mit euch zu spielen. Außerdem will ich euch versichern, dass ich mich ein bisschen in eurer Welt auskenne. Ich war vor vielen Jahren dabei, als Zubin Mehta dieses Orchester an seinem allerersten Abend in der alten Philharmonie dirigierte." Alle

Musiker begannen, mit ihren Füßen zu stampfen. Da sie ihre Instrumente in Händen hielten, war das ihre Art, mir zu applaudieren. „Ich will mich in euer Ensemble eingliedern", fügte ich hinzu. „Deshalb werde ich mit Jazzbesen spielen, um euch nicht mit meinen Sticks zu übertönen." Wieder erntete ich stampfenden Beifall.

Die Probe verlief ganz gut. Allerdings mussten noch ein paar Probleme mit der Soundtechnik in Ordnung gebracht werden. An diesem Abend versuchte ich, meine Nerven mit einem Mantra zu besänftigen: „Du willst deinen Zenit erst am Premierenabend erreichen." Leider wirkte es nicht. Ich machte mir ein paar Notizen für das Orchester, doch am nächsten Tag blieb keine Zeit mehr, sie den Musikern zukommen zu lassen. Zum Glück verlief die Probe besser.

Vor dem großen Abend sagte ich auf dem roten Teppich zu Gustavo, dass ich während der ersten Probe nichts wirklich gut gehört hätte. Er antwortete, dass es für ihn auch nicht anders gewesen wäre. „Aber gestern war es schon besser", sagte ich darauf. „Meine Angst ist wie verflogen." Der Maestro lächelte zustimmend.

Die Orchester-Roadies waren hervorragend. Sie wiesen mich an, wo ich stehen, wann ich auf die Bühne gehen und wohin ich mich bewegen sollte. Bevor wir loslegten, entledigte sich Chris Martin spielerisch seines Smoking-Jacketts, was dem Publikum ein paar Lacher entlockte. Ich trug ein Smoking-Jackett aus dem Second-Hand-Laden, auf dessen Rückseite sich silberne Engelsschwingen abzeichneten. Nach Chris' Einlage drehte ich mich intuitiv mit dem Rücken zum Publikum, um dem Publikum aus der „City of Angels" zu demonstrieren, dass ich für sie zu fliegen imstande wäre. Jubel brandete auf.

Wir nahmen Platz, um mit unserer Darbietung starten zu können. Ein paar Tage zuvor hatte ich in Dudamels Büro dem Maestro erklärt, dass in Rockbands in der Regel der Schlagzeuger die Songs einzählte. „Großartig!", rief er. „Dann mach du das mal!"

„Nein, nein", schüttelte ich den Kopf. „Du bist der Dirigent des besten Orchesters auf der Welt – du solltest den Einsatz geben."

Allerdings machte ich mir insgeheim Sorgen, dass er nicht das richtige Tempo vorgeben würde. Denn wenn der Zug erst einmal den Bahnhof verlassen hätte, gäbe es kein Zurück.

„Warum gibst du nicht zuerst mir den Einsatz?", schlug ich vor. „Ich gebe dann für ein paar Takte das Tempo vor, bevor du dem Orchester den Einsatz gibst?" Er war überzeugt, dass das klappen müsste. Und das tat es auch!

Während der Proben hatte Gustavo bestimmt, dass ich die Performance auch beenden sollte. Das Problem war nur, dass ich im Orchester ganz hinten saß. „Lass es uns zusammen tun", schlug ich daher vor. „Wir halten einfach Augenkontakt."

„Aber vergiss nicht deine Fills", ermahnte mich der Dude.

Es war eine aufregende Angelegenheit, für 85 Musiker mittels Beckenschlag den Schlusspunkt zu setzen. Das Publikum schien ebenfalls begeistert zu sein.

Der Plan war, mit „Good Vibrations" von den Beach Boys als Zugabe den Abend zu beenden. Dafür nahm ein 150-köpfiger Chor aus Los Angeles hinter mir Aufstellung. Mit den Sangeskünstlern im Rücken und dem Orchester vor mir erlebte ich ein echtes Gänsehaut-Feeling. Während ich Hal Blaines Parts von der Originalaufnahme zu channeln versuchte, prasselte Konfetti in Form des Bundesstaates Kalifornien von der Decke zu Boden.

Alles in allem war es eine denkwürdige Erfahrung, unter der Anleitung meines jungen Lehrmeisters zu spielen. Wieder einmal wurde meinen Ohren ein großer Segen zuteil. Nach dem Auftritt erspähte ich im Green Room niemand anderes als den großen Herbie Hancock. Ich holte tief Luft und ging auf ihn zu. „Ich verfolge deine Musikkarriere schon seit vielen Jahren!", sagte Herbie und lächelte. „Es war toll, dich endlich auch einmal live zu sehen!"

Ich hätte mich fast umgedreht, um zu sehen, zu wem er sprach. Aber er meinte tatsächlich mich. Nun würde ich beruhigt den Löffel abgeben können. Ein weiteres Mal fühlte ich mich gesegnet.

XXII.
Paul Simon
Der Reimeschmied

In den Kathedralen des Klanges werden wir immer willkommen sein.

„Ich kann es nicht fassen, dass du dich an diese Geschichte erinnern kannst“, sagte Paul Simon zu mir, nachdem er gerade ein wunderbares Konzert im legendären Ryman Auditorium in Nashville, Tennessee, absolviert hatte.

Während ich im Anschluss an die Show eine halbe Stunde auf ihn wartete, vertrieb ich mir die Zeit, indem ich mir diese historische Bühne aus der Nähe ansah. 1936 war es Bill Monroe, der hier Bluegrass ersann. Ich konnte den Geist dieser Ära spüren, als ich in die Hände klatschte, um die Akustik zu testen. Der gesamte Konzertsaal besteht aus Holz. Das trifft auch auf die Sitzbänke zu. Der Klang war identisch mit dem in der wunderbaren Disney Concert Hall in Los Angeles, die ebenfalls aus Holz gefertigt ist. Auch auf der dortigen Bühne hatte ich geklatscht, als ich auf mein Treffen mit Gustavo Dudamel wartete.

Das Klatschen vermittelt einem ein Gefühl dafür, wie viel Echo ein Raum zulässt. Ein bisschen Echo ist okay, aber es darf nicht zu viel davon sein. So wie Frank Gehrys Meisterwerk von einem Gebäude in Los Angeles ist auch das Ryman in Bezug auf die Akustik einfach perfekt. Ich konnte den Vibe sämtlicher Acts, die die Bühne der originalen Grand Ole Opry beehrt hatten, spüren: von Minnie Pearl, der noch das Preisschild von der Hutkrempe baumelte, bis hin zu Dolly Parton,

Tammy Wynette, Loretta Lynn, Hank Williams und Patsy Cline. Seit 1892 zieht das Ryman angesagte Musiker an – darunter auch zeitgenössische Künstler wie Ringo Starr, Neil Young und die Foo Fighters. In Kathedralen des Klangs wie dieser sind Musiker immer willkommen.

Selbst die hässlichen Aspekte der Vergangenheit aus der Ära der Sklaverei wurden hier in Form von Holzschnitzereien entlang den Paneelen des oberen Ranges verewigt. Bühnenkünstler konnten so von der Bühne aus die „Galerie der Konföderation" sehen. Diese Abbildungen erinnerten mich an die Anfeindungen, die Paul Simon erfuhr, als er das von afrikanischer Musik beeinflusste Album *Graceland* veröffentlichte. Nachdem er mithilfe schwarzer Musiker seine musikalische Vision auf den neuesten Stand gebracht hatte, attackierten Kritiker Simon mit dem Vorwurf, ein „kultureller Kolonialist" zu sein. Viele Kritiker sind im Grunde genommen verhinderte Musiker, die nie den Status erreichten, den sie sich erhofft hatten. Stattdessen kritisieren sie jetzt andere.

Paul hatte seinen Musikern nicht nur das Dreifache der üblichen Gage gezahlt, sondern auch die A-Cappella-Gruppe Ladysmith Black Mambazo zu internationalen Stars gemacht. Die afrikanischen Musiker, mit denen er zusammenarbeitete und die ihn auch im Ryman begleiteten, liebten ihn wie einen Bruder.

An diesem Abend sahen sich nun Simons überaus begabter Bassist Bakithi Kumalo und der nicht weniger begnadete Kameruner Gitarrist Vincent Nguini mit der rassistischen Historie des amerikanischen Südens konfrontiert, die hier an den Wänden prangte. Die konföderierten Südstaaten könnten noch lange auf eine Renaissance warten, denn hier gaben nun diese tapferen jungen Musiker den Ton an.

Bei Pauls Einführung in die Rock and Roll Hall of Fame hieß es: „Seine Fusion diverser Kulturen bestärkte die Vorstellung, dass Musik als universelle Sprache fungieren kann, die wichtiger ist als Politik." (Da auch Gustavo Dudamel Musik als universelle Sprache begreift, hat er sich geweigert, sich in die explosive politische Lage seiner Heimat Venezuela einzubringen. Er ist aber der Überzeugung, dass es einen Toleranz lehrt, in einem Orchester zu spielen.) „Simon hat auch dazu beigetragen, die Ohren der breiten Masse für fabelhafte Klänge zu öffnen, die aus fernen Ländern stammten", hieß es bei Paul Simons Aufnahme in die Ruhmeshalle. „Paul Simon verdient Anerkennung dafür, dass er der Welt das Gefühl vermittelt, so etwas wie eine Gemeinschaft aus Seelenverwandten zu sein."

„Bei diesem Album geht es um das Thema Sound", erklärte Paul in der Pressemitteilung, die seine neue CD begleitete. „Sollten die Leute dies verstehen, wäre ich sehr zufrieden." Ich verstehe, was Sache ist, Paul! Immerhin handelt mein Buch hier vom selben Thema. Mit anderen Musikern vor Zeugen Musik zu machen, ist im übertragenen Sinne wie ein Liebesakt. Pauls Stimme mag zwar dünn sein, aber sie sprüht nur so vor Liebe und Zartheit. Ihre Wärme ist spürbar. Wenn er von Könnern ausgeführt wird, stellt der Tanz, der zwischen Performer und Hörer stattfindet, einen Bund der Liebe dar.

Als ich mein Gespräch mit dem Reimeschmied Paul Simon hinter der Bühne in Nashville führte, sagte ich: „*Ich* kann nicht fassen, dass *du* dich an diese Geschichte erinnern kannst!" Dann erzählte ich die Anekdote ein weiteres Mal. „Heute war erst das zweite Mal, dass ich dich habe spielen sehen. Das erste Mal war ein Gig 1968 in Forest Hills, als wir vor dir und Artie aufgetreten sind. Ich weiß, es sind inzwischen 50 Jahre vergangen, aber ich möchte mich für Jim entschuldigen, weil er sich so rüpelhaft benommen hat, als du hinter der Bühne zu uns gekommen bist, um uns Glück zu wünschen." Jim hatte Paul zwar nichts Konkretes angetan, sich aber ihm gegenüber sehr unfreundlich verhalten.

„Daran kann ich mich noch gut erinnern", sagte Paul. „Ich versuchte herauszufinden, ob er high war oder so."

„Und ich dachte mir", erklärte ich, „dass wir nie Erfolg haben werden, wenn unser Sänger sich gegenüber der einen Hälfte eines der größten Acts im Musikgeschäft wie ein Arschloch verhält."

„Was war dann bloß los mit ihm?", hakte Paul nach.

„Jim war *permanent* in der Stratosphäre."

„Vielleicht war er einfach nur nervös", mutmaßte Paul.

„Yeah, damit wirst du wohl richtig liegen."

Ich bin mir sicher, dass sich Paul damals wohl gedacht haben muss: *Was ist nur mit diesem Emporkömmling los?* Vor Simon and Garfunkel aufzutreten, war eines unserer ersten großen Konzerte. Doch auch jemand, der selbst einmal als Ikone verehrt würde, kann einmal kalte Füße bekommen.

„Das erinnert mich an eine andere Geschichte", fuhr Paul fort. „Damals in den Sixties überließ ich mein Apartment mal ein paar Mitgliedern von Grateful Dead. Damals besaß ich ein hölzernes Karussellpferdchen. Nach einer Woche oder so reisten sie wieder ab. Nachdem ich nachhause zurückgekehrt war, fiel mir auf, dass das Pferd verschwunden war. 40 Jahre später bin ich einem von ihnen über den Weg gelaufen. Er entschuldigte sich bei mir wegen der Sache." Alle, die um uns herumstanden, mussten lachen. Dann wechselte ich das Thema.

„Weißt du, seinerzeit waren wir ja bloß ein Quartett. Vier Jungs, die genau darauf achteten, was die anderen machten. Du hast jetzt neun Musiker da oben auf der Bühne. Alle Rollen sind doppelt oder dreifach besetzt. Das ist ein sehr gut eingespieltes Ensemble, Paul."

„Ich erkläre ihnen, dass sie weniger spielen sollen … nicht ganz so viele Noten", antwortete er.

„Das hat auch Miles Davis zu seinen Musikern gesagt", stimmte ich ihm zu. „Ich glaube, es ist wichtig, Platz zum Atmen zu lassen."

„Yeah", antwortete Paul und streckte seine Arme aus, um mich zu umarmen. Wir verabschiedeten uns und gingen beide unserer Wege. Vereint durch unsere Geschichten aus der Vergangenheit.

XXIII.
Ram Dass

Der Mystiker im Rollstuhl

Je ruhiger man wird, desto mehr hört man.

Leider traf ich Ram Dass, den Autor des gegenkulturellen Bestsellers *Be Here Now*, erst nachdem er einen Schlaganfall erlitten hatte. Aber vielleicht war das Timing gar nicht so unglücklich. Wie er selbst sagte: „Meine Fähigkeit zu sprechen war schwer in Mitleidenschaft gezogen und ich spielte mit dem Gedanken, nicht mehr öffentlich zu sprechen, da ich die Worte nur sehr langsam hervorbrachte. Aber die Leute waren der Ansicht, dass meine neue Stimme es ihnen ermöglichte, sich auf die Stille zwischen den Worten zu konzentrieren." Kommt euch das bekannt vor?

Die Stille zwischen den einzelnen Tönen lässt die Musik atmen. Wie menschliche Wesen. Ich bin ganz sicher nicht der allerschnellste Schlagzeuger der Welt, aber da ich mich mit allen möglichen Genres befasst habe – Klassik, Rock, Blues, Folk, Country –, habe ich gelernt, beim Spielen besonders auf die Dynamik zu achten, da sie beim Hörer und mir selbst das maximale Ausmaß an Emotionen hervorruft. Wenn man die volle Klangpalette zur Entfaltung bringt, inklusive vollkommener Stille, kann man von Rage bis innerer Ruhe sämtliche Facetten der menschlichen Erfahrung erschaffen. Noch ein Zitat von Ram Dass:

> Nun, da ich langsamer zu sprechen pflege, neigen die Leute dazu, meine Sätze für mich zu vollenden. So geben sie sich

selbst die Antworten auf ihre Fragen. Einst nutzte ich Stille als Lehrmethode, doch nun ergibt sie sich ganz ohne mein Zutun und erlaubt ein Gefühl der Leere – eine Leere, die die Hörer als Tor zu ihrer eigenen inneren Ruhe und Stille nutzen können. Je ruhiger man wird, desto mehr hört man.

Ist das nicht genau die Art Transzendenz, die wir alle suchen? Wir versuchen mithilfe von Musik, Büchern und Kunst die Zeit zum Stillstand zu bringen, um uns ein wenig aus dem Hamsterrad des Alltags zu befreien. Auch in der Kunstform der Comedy versuchen die besten Comedians, dieses Ziel zu erreichen. Im Rahmen eines Interviews sagte der brillante Comedian Marc Maron zu seinem nicht minder genialen Kollegen Gary Shandling: „Meiner Meinung nach hast du die Herangehensweise der Leute an das Thema Comedy und wie sie gewisse Momente auf sich wirken lassen verändert. Du und Rip [Torn] standen einfach neben dem Monitor [in der *Larry Sanders Show*] und 20 Sekunden lang fiel kein Wort!" (Und natürlich meidet man im Fernsehen die Stille wie den Tod.)

„In der Stille verbirgt sich aber die Wahrheit", antwortete Gary. „Um auf ein anderes Problem im Leben zurückzukommen: Die Menschen haben Angst vor ..." (Gary hielt ungefähr zehn Sekunden lang inne) „stillen Momenten wie diesem ..." (Gary stoppte erneut) Man darf nicht vergessen, dass es sich hier um ein Interview handelte! Aber Maron hielt ihm tapfer die Stange. Endlich machte Gary weiter: „Und in dieser Stille liegen so viel Wahrheit und sämtliche Weisheit der Welt. Man muss mit dem Sprechen aufhören – aufhören, aufzuspringen, um rasch seine Meinung hinauszuposaunen."

„Warum ist das so?", fragte Maron.

„Sucht. Die Sucht hält einen davon ab, das wahre Selbst zu entdecken. Das ist eine Abwehrhaltung, die verhindert, dass man eine tiefere Ebene erkundet. Die Kunst bringt diese Wahrheiten aber an die Oberfläche."

Oder wie es der ebenso geniale Musikproduzent Rick Rubin einmal gesagt hat: „Die Musik hat mein Bewusstsein verändert. Sie hilft mir, mich von mir selbst zu befreien. Dieser Effekt lässt sich kaum in Worte fassen." Kunst und Meditation schaffen einen Freiraum, der es uns erlaubt, tief in uns selbst vorzudringen und unser Innerstes zu entdecken. Auf ähnliche Weise wirkten auch Ram Dass' Pausen wie Musik in meinen Ohren.

Ich traf Ram Dass' Kompagnon Krishna Das, der mich einlud, mit ihm zusammen zu sitzen und einem seiner Chanting-Konzerte zu lauschen. KD gilt mittlerweile als Mick Jagger der Yoga-Musik-Welt. Er verfügt über ein unvergleichliches Organ. Selbst Sting gilt als sein Fan. Rick Rubin sagt, dass Krishna Das' Stimme über eine unerreichte „Autorität" verfüge. So wie bei mir standen auch bei Ram Dass und Krishna Das psychedelische Substanzen am Beginn ihrer spirituellen Reise. Doch schon bald fanden sie heraus, dass Meditation und Chanting einen weniger betäubenden Weg darstellten. Dieser Pfad mag länger sein, doch letztendlich wollten wir ja langen Atem beweisen – anders als viele meiner Musikerkollegen, die von der Achterbahn, auf die sie sich eingelassen hatten, mit in die Tiefe gerissen worden waren, nachdem sie sie in schwindelnde Höhen transportiert hatte.

Richard Alpert (alias Ram Dass) und Jeffrey Kagel (alias Krishna Das) hatte es im Rahmen ihrer ultimativen Sechzigerjahre-Sinnsuche nach Indien verschlagen, wo sie ihren Guru Neem Karoli Baba trafen. Sie verabreichten ihm eine Megadosis LSD, worauf der Mystiker bloß meinte: „Was habt ihr denn sonst noch so auf Lager?" Der Guru hatte nichts Ungewöhnliches gespürt, was bedeuten musste, dass er sich bereits an einem transzendentalen Ort befand. Für ihn gab es nichts mehr zu lernen.

Das war ein Aha-Erlebnis für die beiden jungen Suchenden. Die beiden jüdischen Jungs von der amerikanischen Ostküste nahmen ihre indischen Namen an und kehrten der Torah den Rücken. Hier handelte es nicht um zwei Möchtegerns. Sie ertrugen Mutter Indien und erhielten von ihrem Lehrer eine ordentliche Dosis Liebe verabreicht. Ihre Leidenschaft war sehr ausgeprägt. Ich möchte mich zwar nicht zu weit aus dem Fenster lehnen, aber ab und zu kommt es mir so vor, als würden sie ihren kosmischen Guru channeln. Wenn Krishna Das seine Augen schließt und seinen Mund öffnet, eröffnet sich sowohl für den Sänger als auch die Hörer ein Trance-Zustand, während er die Namen der indischen Götter in einem Call-and-Response namens Kirtan singt. Nach einer langgezogenen, gemächlichen Passage in der Art von Ragas nimmt das Tempo Fahrt auf, bis alles in echter Ekstase mündet. Und ich meine Ekstase!

Die Gefühle sprudeln nur so über, während die Leute chanten, tanzen und weinen. Darauf folgt eine überwältigende Stille, die im Anschluss an ein solches Spektakel ein natürliches High heraufbeschwört. Alle Anwesenden fühlen sich gereinigt. So wie beim Yoga spürt man die wahre Kraft in den Freiräumen zwischen den Atemzügen.

KDs Tabla-Spieler Arjun (alias Alan Bruggeman) sagt, dass man ausgeglichen bleiben kann, ganz egal, was im Alltag passiert, wenn man seine Aufmerksamkeit auf den Raum und die Stille in sich lenkt, was dasselbe ist, wie das besondere Feeling in der Musik und jener Rhythmus, der allem innewohnt. Diese Übereinstimmung ist in der Musik enorm wichtig. In Ghana etwa ist es nur den Trommel-Meistern gestattet, zu improvisieren. Ich erlebte dies während meiner Zeit am College sogar persönlich. Damals belegte ich einen Trommel-Kurs an der UCLA, der im Kellergeschoß der Schoenberg Hall, dem Musikgebäude, stattfand. Wir Studenten stellten uns im Kreis auf und spielten ein einfaches Pattern auf unseren Djembes (Handtrommeln), während der Trommel-Lehrer herumschritt und jedem von uns ins Gesicht blickte. Er trug einen wunderschönen afrikanischen Daschiki, starrte uns in die Augen und spielte wilde Fills, um uns damit aus dem Rhythmus zu bringen. Keiner von uns konnte das Tempo halten. Das war eine großartige Lektion. Man kann nicht als Solist brillieren, solange man nicht den Groove gemeistert hat.

Noch einmal Joseph Campbell: „Das Ziel des Lebens ist es, den eigenen Herzschlag in Einklang mit dem Beat des Universums zu bringen … um deine eigene Natur der Natur als Ganzes anzugleichen." Musiker sind so wie alle Künstler Suchende. Sie forschen nach dem Sinn des Universums – oder zumindest nach Zufriedenheit und Seelenfrieden mithilfe von Sound. Sie wissen, dass Stille die Kehrseite des Sounds ist. Wenn man dem Geschimpfe einer lauten Punkrock-Band zuhört, benötigt man die Absenz von Sound, um alles aufnehmen zu können.

Vielleicht stellen Chants und Songs eine direkte Verbindung zum Schöpfer dar. Wie es der Songwriter Randy Newman, der für seine Arbeiten mit Oscars, Grammys und Emmys ausgezeichnet wurde, ausdrückt:

> How we laugh up here in heaven at the prayers you offer me
> That's why I love mankind

Oder wie es Jim Morrison in seinem epischen Gedicht „An American Prayer" auf den Punkt bringt:

> O' great creator of being, grant us one more hour to perform
> our art and perfect our lives.

KDs Kirtan erinnert auch ein wenig an ein baptistisches Erweckungstreffen. Meine Ausdauer wurde auf die Probe gestellt, als ich mit diesem Ensemble trommelte, weil es nie kürzer als zwei Stunden und manchmal sogar drei Stunden lang spielt. Dabei saßen wir alle auf dem Boden. Aber man möge sich daran erinnern, was ich über das Verschwinden der Zeit gesagt habe. Bei einer dieser Sessions saß ganz hinten auch Ram Dass in seinem Rollstuhl. Er strahlte förmlich. Ich bat KD, seinem alten Kumpel ein Gedicht widmen zu dürfen. Da wir beide in unserer Jugend eine Vorliebe für Indien entwickelt hatten und es liebten, Musik zu machen (vor allem zusammen), musste ich darüber lachen, wie KD mich vorstellte. Er sagte nämlich, dass ich jemand wäre, auf den eventuell eine große Zukunft im Musikbusiness warten würde. Ich sprach RD direkt an: „Ram Dass, obwohl das hier unser erstes Treffen ist, sind unsere Wege ähnlich verlaufen. Meine Band ließ sich von einem Buch eines deiner Kollegen inspirieren, von Aldous Huxleys *Doors of Perception.*" Ich sah, wie RDs Augen erstrahlten. „Ich werde dir nun ein Gedicht von Etheridge Knight vorlesen, einem afroamerikanischen Dichter aus den Sechzigerjahren. Es heißt ‚Belly Song' und bringt meinen Respekt und meine Bewunderung für dich zum Ausdruck."

And I and I / must admit
that the sea in you
has sung / to the sea / in me
and I and I / must admit
that the sea in me
has fallen / in love
with the sea in you
because you have made something
out of the sea
that nearly swallowed you

Zwischen den Versen trommelte ich ein wenig, was meiner Lesung Musikalität verlieh. Nachdem ich mit gesenktem Kopf noch allen Namaste gewünscht hatte, verließ ich die Bühne und begab mich zurück an meinen Platz. Als ich mich ihm näherte, realisierte ich, dass ich direkt neben RD saß. Und wenn ich dachte, dass er zuvor gestrahlt hätte, so glühte er nun geradezu. Ich umarmte ihn erfreut und nahm Platz. KD setzte seine Darbietung fort, doch die Liebe, die von meinem Nachbarn ausstrahlte, verbrannte mir praktisch meinen Ärmel. RDs Lächeln war so liebevoll, dass ich zögerte, ihn anzusehen, weil es sich wie eine Dosis Shakti anfühlte – eine Portion Liebe, die einem ein Guru übermittelt.

Die wichtigste Lektion, die ich vom Mann, der neben mir saß, lernen durfte, war die, Schwierigkeiten mit Anmut und Optimismus zu begegnen. Ram Dass beschrieb seinen Zustand nach dem Schlaganfall nicht als konzeptuellen Zusammenbruch, sondern als eine „Entkleidung" der Konzepte. „Als ob es eine Umkleidekabine gäbe, in der Konzepte sich in Worte hüllten – und genau dieser Teil meines Gehirns, in dem dies vonstattenging, war vom Schlaganfall betroffen." Es dauerte eine Weile, bis er den Unterschied zwischen dem denkenden Verstand, der glasklar ist, und seinen verbalen Fähigkeiten, die mitunter launenhaft agieren, zu begreifen verstand. Doch als ihm in dieser Hinsicht ein Licht aufgegangen war, realisierte er, dass Wörter überhaupt nicht notwendig waren. Zur Veranschaulichung erzählte RD, dass er mit seiner senilen Tante oft nur dagesessen, ihre Hand gehalten und sie einander in die Augen geblickt hätten, wenn er sie im Krankenhaus besucht habe. „Wir waren einfach zwei Wesen, die sich in der Seelenzeit trafen. Sobald ich mein Bedürfnis, mit ihr auf der Ebene des Egos zu sprechen, überwunden hatte, genossen wir unsere Treffen enorm."

Ich hatte so fest darauf gehofft, dass Ram Dass mich als den berühmten Drummer der Doors erkennen und meine Existenz anerkennen würde, dass ich vergaß, dass es etwas abseits meiner Gefühlswelt gibt, das uns alle erfüllt: die Ewigkeit. Das Gefühl der Unendlichkeit wurde in einem Dokumentarfilm über Ram Dass mit dem Titel *Fierce Grace* festgehalten. In diesem Film sah man, wie der Lone Ranger (RD) in seinem Rollstuhl zur Musik von Tonto (KD) groovte. Krishna Das hatte eine Stimmung erschaffen, die vollkommen transzendental war – und Ram Dass ging durch und durch darin auf. Das war ein wunderschöner und rührender Anblick, der uns daran erinnerte, dass wir alle verwundbare Wesen sind, die Liebe brauchen. Und welches Vehikel transportiert Liebe am direktesten? Musik. Sie liegt in der Luft. Sie ist kein greifbares Objekt wie ein Gemälde, eine Tanzaufführung oder ein Film. Bei Musik kann man die Augen schließen und etwas hören, das seinen Weg direkt von einem Herzen zum anderen bahnt.

Ich verstand, was für ein Segen es doch war, neben jemanden zu sitzen, der kein leichtes Schicksal zugeteilt bekommen hatte, diesem aber mit Akzeptanz und Freude begegnete. Das dient mir praktisch als eine Art Probelauf – ausgenommen es tritt eine plötzliche Tragödie ein –, weil ich mich ja auch schon in meinen Siebzigern befinde und auch ich mich auf eingeschränkte Mobilität einstellen muss.

Dasselbe Gefühl vermittelt mir auch Ron Kovic, der ebenfalls im Rollstuhl sitzt. Der Protagonist des Films *Geboren am 4. Juli* verfügt über eine Lebenslust, die jeden, der ihn trifft, zutiefst berührt. RD beschreibt dies in seinem zweiten Buch *Still Here*, wenn er von Treffen mit anderen Menschen erzählt, die eine schwere Behinderung haben. „Ich empfinde sie als meine wichtigsten Lehrer."

Mir wurde der Segen zuteil, noch ein zweites Mal mit Ram Dass Zeit verbringen zu dürfen. Meine Freundin und ich aßen mit Krishna Das zu Mittag und wir vereinbarten, dass wir uns noch einmal treffen sollten, bevor KD zurück an die Ostküste reiste. Am nächsten Tag rief er an und fragte, ob wir Lust hätten, mit ihm und Ram Dass bei ihm zuhause zu Abend zu essen. Wow! Natürlich hatten wir Lust …

Vor RDs Haus zu parken und aus dem Wagen auszusteigen, fühlte sich schon fast wie ein Shakti an. Die Seiten der Treppe, die zum Eingang hochführten, waren mit heiligen Gegenständen und Kerzen gesäumt. Im Wohnzimmer begrüßte uns ein gigantischer Altar zu Ehren von Neem Karoli Baba. Wir überreichten RDs Haushaltsgehilfen den mitgebrachten Wein und Kuchen und nahmen Platz. Nach ein wenig Smalltalk informierte uns der Koch, dass RD sich bereits am Esstisch befände. Über hölzerne Treppen, die an der Seite mit einer Rampe versehen waren, gelangten wir hinunter ins Esszimmer. Dort erwartete uns eine große Tafel für zwölf Personen. Am uns näheren Ende dieses Tisches saß Ram Dass in seinem Rollstuhl mit dem Rücken zu uns. Wir konnten ihn auch anhand seines wunderschönen Glatzkopfes erkennen, als wir uns ihm von hinten näherten. In einem seiner Bücher hatte er geschrieben, dass er nun, da er keine Haare mehr hätte, nicht mehr ans Frisieren denken musste. Er half mir dabei, mich mit meiner eigenen größer werdenden Teilglatze abzufinden.

Die Assistenten wiesen uns an, uns nach den Namenskärtchen am Tisch zu richten. Meine fand ich an der Tischecke neben dem großen Mann. Ildiko, die mittlerweile meine Verlobte war, saß neben mir. Krishna Das nahm auf der anderen Seite von RD Platz. Ich versuchte, gleich einmal das Eis zu brechen, indem ich auf uns drei Jungs am Ende des Tisches zeigte und sagte: „KD, RD und [ich zeigte auf mich] JD." Ram Dass musste laut lachen, was mich sehr erleichterte.

Weil wir unser Essen kauten und RD sprachlich eingeschränkt war, herrschte oft Stille. Wir ließen uns auf den Abend als eine einzige lange Meditation ein.

Ich erzählte RD, dass seinerzeit, als ich Acid konsumierte – und das war noch bevor ich Pot rauchte –, LSD noch legal war. Ich fühlte mich als Jungfrau, die Gott in jedem Blatt erkannte. Ildiko fügte hinzu, dass sie auf sein Buch *Be Here Now* genau zu jener Zeit gestoßen war, als sie es brauchte. Als Dankeschön für das Mahl bot ich an, einen Ausschnitt aus Jim Morrisons „An American Prayer" vorzulesen. Ich begleitete mich dabei selbst auf der Tabla. Ram Dass teilte eine witzige Anekdote mit uns und erzählte, wie er einst eine Sitar-Stunde auf LSD besuchte. Ildiko wollte wissen, wie das denn abgelaufen wäre.

„Es war ein Desaster", antwortete RD.

Ich dachte darüber nach, wie Musik, wenn man sie mit viel Herz spielt, selbst schon wie eine Droge wirkt und zusätzliche Berauschung eigentlich nicht notwendig ist.

Nach dem Essen saßen wir ungefähr zehn Minuten lang mit dem Meister ganz still da. Mein Geist driftete aber von meinem Mantra fort, das mir der Maharishi 50 Jahre zuvor hatte zukommen lassen. Stattdessen dachte ich an Pythagoras, der einst gesagt hatte, dass die Intervalle zwischen harmonischen Tonfrequenzen einfachen mathematischen Gesetzen folgen. Er mutmaßte außerdem, dass die Sonne, der Mond und all die Planeten ihre eigene Schwingungsfrequenzen aufwiesen, die auf ihrer jeweiligen Umlaufbahn beruhten, und dass die Qualität des Lebens auf der Erde das Timbre der für das menschliche Ohr nicht wahrnehmbaren kosmischen Geräusche widerspiegelte. Wow! Meine Gedanken hatten mich genau dorthin geführt, worüber wir sinnierten. Zu der „Musik der Sphären", die man nur in absoluter Stille hören kann.

Als wir uns verabschiedeten, überreichte ich meinem Lehrmeister noch eine letzte Notiz: „Ram Dass, ich danke dir vielmals. Ich fühle mich ruhig." Er reichte mir seinen guten Arm, um mir einen kumpelhaften Handschlag zu geben. Noch einmal fühlte ich mich, als würde ich von einer Breitseite Shakti getroffen.

Ein Jahr später weilte ich wieder in Ram Dass' Nachbarschaft in Haiku auf Maui. Meine erweiterte Familie und ich machten dort Urlaub. Eines Nachmittags saß ich auf der Terrasse jenes Hauses, das wir gemietet hatten, und sagte zu meiner Tochter: „Siehst du diese berge da drüben? Fällt dir das Tal in der Mitte auf, das wie ein ‚V' geformt ist?" Sie nickte. „Eine Legende, an die manche Hawaiianer glauben, besagt, dass sie in dieses Tal kommen, wenn sie sterben. Es nennt sich Iao-Tal".

Genau in diesem Moment bemerkte ich eine Schar weißer Vögel, die aus der Richtung herangeflogen kamen, in der Ram Dass wohnte. Aus der Nähe dieser Berge eben. Eine Stunde später erhielt ich eine E-Mail aus New York. Sie stammte von KD, der mich darüber in Kenntnis setzte, dass sein geliebter spiritueller Bruder an diesem Nachmittag gestorben war.

„Der Schlaganfall", schrieb Ram Dass, „war für das Ego unerträglich. Deshalb pushte er mich auch auf eine seelische Ebene … Aus seelischer Perspektive war das alles eine großartige Lernerfahrung. Obwohl ich nun mehr im Geistigen verankert bin, bin ich auch mehr Mensch als zuvor."

Nun, RD ist endgültig auf die geistige Ebene übergewechselt – und dank seiner Lehren sind wir alle menschlicher geworden.

XXIV.

Willie Nelson

Der rothaarige Fremde

Ein ewiger Jungspund spielt unbeschwert auf seiner Gitarre.

Apropos innere Ruhe: Der letzte Musiker, den ich in diesem Buch vorstelle, besitzt eines der ruhigsten Augenpaare auf dem Planeten. „Es ist schön, einen Musiker zu treffen, der noch älter ist als ich!“, lautete der erste Satz, den ich zum rothaarigen Fremden sagte.

„Yeah, von uns gibt es nicht mehr viele“, lachte er.

Meine Frau Ildiko und ich hatten eine Einladung in Willies Bude angenommen, wo wir einen entspannten Nachmittag verbrachten.

„Hast du davon schon einmal was probiert, John“, sagte Mr. Nelson, als er mir zur Begrüßung etwas von „Willies Feinstem“ überreichte. Darauf war ich natürlich vorbereitet. Ich hatte gehört, dass Paul Simon und Edie Brickell erst ein paar Wochen zuvor zu Gast gewesen und im Anschluss ziemlich benebelt nachhause aufgebrochen waren. Aber für Willie funktionierte dieser Zustand eben. Für ihn passte er wie angegossen. Das traf aber nicht auf jeden zu, oder wie Toby Keith singt: „I’ll Never Smoke Weed with Willie Nelson Again“.

„Ich werde ziemlich schnell sehr high“, sagte ich zu Willie und nahm einen Zug. Ildiko konnte mich jederzeit unter den Tisch trinken und rauchen. Damit hatte ich überhaupt kein Problem. „Warum raucht ihr beide nicht einfach für mich mit?“, schlug ich vor.

Nachdem ich mit Gras willkommen geheißen worden war, spazierte ich hinaus ins Freie, um mit dem Ozean zu sprechen. Die salzige

Luft reinigte mein Prana. Als ich wieder zurückkehrte, beschäftigte mich eine Frage: „Wie alt ist denn deine Gitarre? So alt wie du?" Willie lächelte, als ich fortfuhr. „Ich hasse neue Felle auf meinem Schlagzeug. Mir gefallen eben die alten, die mir eine Antwort geben. Die haben einfach mehr Charakter."

Willie wusste genau, was ich meinte. Er hatte Trigger – wie das Pferd von Roy Rogers – schon eine sehr lange Zeit. Trigger war eine Halbresonanz-Gitarre, auf der er schon seit 50 Jahren spielte, obwohl das Instrument mittlerweile ein Loch auf seiner Vorderseite aufwies. Das war passiert, als einmal ein Betrunkener in einem Club auf die Gitarre getreten war. Ich würde sagen, dass das Loch wahrscheinlich zum „reifen" Sound der Gitarre beitrug. Allerdings war es der Musiker, der darauf spielte, der in erster Linie für ihren gefühlvollen Klang verantwortlich war. Um sie zu verstärken und ihr einen warmen Sound zu verleihen, benutzte Willie einen elektrischen Tonabnehmer.

Noch einmal: Bei Musikern dreht sich alles um den Klang, den Sound. Ich verallgemeinere das natürlich, aber Country ist „warm", wohingegen Heavy Metal „kalt" ist. Rock'n'Roll und Klassik sind wiederum beides. Klassik weist eine größere Bandbreite an Schallschwingungen auf, doch bei Musik geht es generell immer um Vibrationen. Entweder kitzeln sie die feinen Härchen im Ohr, oder erschrecken sie zu Tode.

Obwohl er bei unserem Treffen schon 84 Jahre alt war, hat mein neuer Held immer noch strahlend blaue Augen, die einen richtig durchdringen können. Er besitzt etwas, das Jim Morrison seinerzeit in den Augen des Maharishi zu finden hoffte. Oder wonach ich in den Augen des Dalai Lamas suchte. Wenn Willie nun nach einem erfahrungsreichen Leben so ruhig wirkt, dann weil er es einfach ist. Im Country spielen gebrochene Herzen eine wichtige Rolle und Willie weiß diesbezüglich mehr als Bescheid. Er hat mehrere Scheidungen hinter sich, wurde vom Finanzamt gepfändet und vier Mal wegen Pot verhaftet. Natürlich ist das noch nicht alles. Vielleicht war er aber einfach schon seit jeher so gelassen und entspannt. Womöglich ist das sein großes Geheimnis.

Ich wollte diesem meisterhaften Songwriter ein Kompliment machen. „Für mich ist ein guter Song wie eine Vermählung zwischen Songtext und Melodie. Ganz egal, ob es sich dabei um Country, Heavy Metal oder Pop handelt. Die Art und Weise, wie sich ein Text mit der Melodie verbindet, machen einen großartigen Song aus – und du bist, was das betrifft, ein echter Meister." Er lächelte.

„Ich werde heute runter ins Charlie's fahren, um mir die Band meiner Söhne anzuhören. Kommt ihr mir?"

Tatsächlich hatte ich bereits eingewilligt, an diesem Abend bei Promise of the Real, der Band seiner Söhne, einzuspringen. Und nun wollte mein neuer Lehrmeister auch zum Konzert kommen. Das bedeutete zusätzlichen Druck. Ach, Junge! Ich wurde zwar nervös, war aber angesichts des Potenzials, die diese Situation barg, auch voller Vorfreude. Immerhin hatte ich schon auf einigen Bühnen gespielt und fühlte mich eigentlich sehr wohl dort. Wenn in meinem Bauch die Schmetterlinge zu flattern beginnen, sage ich mir stets: *Ja, wir lassen uns wieder einmal darauf ein, aber es wird schon schiefgehen!* Die Schmetterlinge machten sich mittlerweile nicht mehr so stark bemerkbar, aber eigentlich war ich ganz froh darüber, dass sie mich immer begleitet hatten. Sie zeigten mir an, dass ich mich auf ein Risiko einließ und nicht nur wie ein Las-Vegas-Act mein Programm herunterspulte.

Ildiko und ich trafen beim Gig ein und wurden in den Green Room eskortiert, in dem es ein großes Fenster gab, von dem aus man die Bühne überblicken konnte. Durch das Glas konnte ich die Country-Legende in Begleitung seiner liebreizenden Frau Annie erkennen. Unten auf der Bühne rockte sein Sohn Lukas an der E-Gitarre.

Mitten im Set ging ich die Treppe hinab, um eine Runde um das Gebaude zu drehen und hinter die Bühne zu gelangen. Nachdem die Band mich vorgestellt hatte, sagte ich: „Nun ja, Jungs, da ich euch zuvor noch nie getroffen habe und wir auch nicht eingespielt sind, schlage ich vor, dass wir uns zumindest auf einen Schluss einigen … jetzt hier vor dem Publikum!" Großes Gelächter. „Wie wäre es, wenn wir einfach langsamer werden, bevor wir aufhören?" Sie nickten. Darauf starteten wir mit dem Intro zu „LA Woman".

Lukas und Micah Nelsons Band Promise of the Real lieferten eine brandheiße Performance ab. Es machte großen Spaß, entlang der Tempowechsel dahinzugleiten. Als ich mich zurück in den Green Room begab, wurde ich von allen mit Applaus empfangen. Das fühlte sich gut an. „Sie haben sich den allerschwersten Doors-Song überhaupt ausgesucht", sagte ich zu Willie.

„Aber ihr habt ihn durchgespielt", antwortete der Mann mit dem geflochtenen Pferdeschwanz. Mehr brauchte ich nicht: Anerkennung von einem der besten Songwriter, die jemals eine Gitarre zur Hand genommen hatten.

Da ich wusste, dass ihr Dad sich seinen Söhnen zur Zugabe auf der Bühne anschließen würde, bat ich Mr. Nelson, ob ich dieses Familientreffen vielleicht auf dem Tamburin begleiten dürfte. Er sah kein Problem darin. Als wir von der Garderobe Richtung Bühne schlenderten, riefen ihm viele Fans etwas zu. Er grüßte jeden Einzelnen. Annie behielt inzwischen die Spinner im Auge – und davon gab es hier einige. Voller Dankbarkeit sprang ich also am Tamburin ein, als die Band und Willie „Whiskey River" und „On the Road Again" anstimmten. Es war eine große Ehre, etwas Zeit mit diesem wunderbaren, unfassbar begnadeten Country-Typen abzuhängen. Am Ende des Abends hoffte ich jedenfalls auf ein Wiedersehen.

Mein Wunsch sollte in Erfüllung gehen. Noch einmal durfte ich einen der Highwaymen (Willie plus Johnny Cash, Waylon Jennings und Kris Kristofferson) am Tamburin begleiten. Dieses Mal im Rahmen eines großen Musikfestivals, das am Strand stattfand. Mein Schatz und ich fuhren in Willies berühmtem Bus zum Gig und konnten so erneut mit jemandem abhängen, von dem Woody Harrelson sagt, dass ihn alle lieben: „Er würde sich gut als Präsident machen."

Einer der Gründe für Willies Langlebigkeit ist sein Humor. Obwohl er kein Jungspund mehr war, verhielt er sich wie einer. Willie ließ Pointen vom Stapel, als wäre er eine Art musikalischer Rodney Dangerfield. Er unterhielt uns mit Stand-up-Comedy im Sitzen. Wer hätte ihm das verdenken wollen? Immerhin hatte er nur wenige Tage zuvor seinen 86. Geburtstag gefeiert.

„Was ist ein Gitarrist ohne sein Instrument? Obdachlos!“

„Was ist ein Gitarrist ohne seine Freundin? Single!“

So ging das immer weiter.

Auch ich hatte einen auf Lager: „Wie lässt sich sagen, ob eine Bühne auch wirklich eben ist? Man muss nur darauf achten, aus welchem Mundwinkel der Drummer sabbert!“

Alt, aber gut.

Dann bestieg der Komiker die Bühne und öffnete seinen Mund, um auf ganz gefühlvolle Weise Kunst zu schaffen. Willie ist auch ein großer Meister der Phrasierung. So wie Sinatra lässt er sich Zeit. Beide Sangeskünstler erwecken den Eindruck, als ob sie den ganzen Tag hätten, bevor sie zur nächsten Phrase übergehen. Das wirkt ganz lässig, sitzt aber immer punktgenau und ist total fesselnd. Wie das mit Kunst, die ganz spielerisch erscheint, nun einmal so ist: Es steckt sehr viel Arbeit dahinter, bis sie endlich passt. Man kann am meisten leisten, wenn man so gut vorbereitet ist, dass man ganz relaxt agiert. Wie Ringo es ausdrückt: „Es ist die Emotion, die man in das Schlagzeugspiel einfließen lässt, die die Kunst ausmacht. Eine Lücke zu lassen ist nicht weniger wichtig, als sie auszufüllen.“ Wenn man etwa ein schnelleres Tempo spielt, muss man sich entspannen, weil man sonst Krämpfe bekommen wird. Übung ermöglicht ein entspanntes Spielen.

Als wir wieder im Bus waren, bot Willie stolz an, mir sein neues Album vorzuspielen. Nachdem er einen Knopf auf seinem Mobiltelefon gedrückt hatte, erklang ein wunderschöner neuer Song dieses genialen Songwriters. Die Nummer trug den Titel „Ride Me Back Home“ und handelte genau davon. Es war eine musikalische Verbeugung vor den Pferden, die den Sänger metaphorisch durch sein Leben getragen hatten. Wir saßen still da. Alle lauschten der Musik. Musik ist wie eine Form von Meditation: Sie lädt ein, sich um ein akustisches Lagerfeuer zu versammeln, das vor lauter heilenden Klängen knistert.

Musik im Allgemeinen, aber vor allem Live-Musik, kreiert ein unmittelbares Gemeinschaftsgefühl. Wohin der Lebensweg einen auch führen mag, er fühlt sich nicht ganz so leer an, wenn man unterwegs an Leuten vorbeikommt, die zusammen tanzen, singen und gute Laune miteinander teilen.

Als wir aus dem Bus ausstiegen, hatte ich noch eine letzte Frage: „Willie, wie oft hast du eigentlich ‚On the Road Again' gespielt?"

„6.000 Mal!", antwortete er prompt und musste grinsen.

„Ebenso oft habe ich wohl auch ‚Light My Fire' gespielt. Aber das sind ja auch gute Songs, nicht wahr?"

Willie quittierte das mit einem letzten Lächeln. Seine Augen funkelten in seinem faltigen Gesicht, das wirklich schon alles gesehen und gehört hatte.

Zum Schluss

... und jeden Namen als eine angenehme Melodie im Mund,
die sich, wie jede Musik, der Stille zuneigt ...
Mary Oliver

Vielleicht ist die Stille das großartigste Geräusch überhaupt. Ohne die Stille könnten wir keine Töne wahrnehmen. Und „am Anfang war das Wort" – oder der Urknall, der aus einem schwarzen Loch der Stille herausexplodierte. Es war eine Klangschwingung, mit der alles begann. Sie ist auch immer noch präsent. Die Schöpfung scheint unendlich zu sein.

In der jüngeren Vergangenheit wurde die Möglichkeit einer apokalyptisch anmutenden Zukunft debattiert. Aber wie schon Bob Marley sang: „Have no fear for atomic energy / 'Cause none of them can stop the time." Damit wollte er sagen, dass die Zeit weitergehen wird. Die Zeit selbst ist nämlich zeitlos. Das ist auch der Zustand, in den wir eintreten, wenn wir singen, tanzen oder musizieren. Wir „spielen" Musik. Musik ist verspielt – so wie unsere maritimen Freunde, die Delfine, die mithilfe von Schallwellen besser „sehen", als wir das mit unseren Augen können. Delfine erkennen den Unterschied zwischen einen Tischtennisball und einem Golfball auf eine Entfernung von 90 Metern! Auch wirken sie so fröhlich. Der Pottwal kann einen Menschen aus einer Meile Entfernung ausmachen, wobei er sich die geräuschvollsten Tierlaute der Welt zunutze macht. Diese Klänge durchdringen das menschliche Gewebe, was den Walen eine dreidimensionale Wahrnehmung erlaubt. Kein Wunder, dass sie uns wie verwandte Kreaturen erscheinen. In mancherlei Hinsicht sind Wale sogar klüger als wir.

Bevor Gustavo Dudamel seine Hände in Ekstase in die Höhe wirft, um die Stille mit einer traumhaften Sinfonie zu durchbrechen, existiert ein schwarzes Loch ohne jeden Klang. Die armen Beatles mussten schon relativ früh in ihrer Laufbahn Live-Konzerte bleiben lassen, weil ihre Fans bereits kreischten, bevor sie überhaupt auch nur einen Ton gespielt hatten, womit sie sich des Kontrasts zwischen Sound und Stille beraubten.

All die genialen Künstler, die ich hier in diesem Buch vorstelle, haben gemeinsam, dass sie ihrer Zeit voraus waren. Ihr Weg war von Einsamkeit geprägt. Sie mussten stets darauf warten, bis es die breite Masse endlich begriffen hatte. Bob Dylan sagte einmal, dass sein Publikum immer drei bis fünf Jahre hinterherhinkt. Obwohl das in seinem Fall durchaus zutreffen mag, sind die Fans anderer Künstler vielleicht nicht ganz so weit hinterher. Wiederum andere Künstler liegen schon längst unter der Erde, wenn ihnen endlich ihre verdiente Anerkennung zuteilwird.

In Martin Scorseses Dokumentarfilm über Dylans *Rolling Thunder Revue* fragt er den größten Songwriter des Jahrhunderts, wonach er sucht. Scorsese beruft sich auf Hurricane Carter, über den Bob sogar einen Song geschrieben hatte: Jedes Mal, wenn Hurricane Dylan trifft, fragt er den Songwriter, ob er denn schon gefunden habe, wonach er auf der Suche sei. Dylan antwortet: „Ja, es geht um den Heiligen Gral." In anderen Worten: Dylan sucht nach etwas so schwer Definierbarem, dass er wohl noch sein ganzes restliches Leben danach wird suchen müssen. Das ist der Schlüssel zur Kreativität, nämlich nicht das Ziel zu verfolgen, vor ungeheuerlichen Menschenmassen aufzutreten und Millionen von Hit-Platten zu verkaufen. Vielmehr ist der Weg das Ziel. In diesem Sinne kann jeder bei seiner Suche fündig werden.

Eine weitere Sache, die begnadete Musiker und Künstler gemeinsam haben, ist ihre Fähigkeit, alles einfach aussehen zu lassen. Glaubt mir, der Schein trügt. Dahinter verbirgt sich der riesengroße Aufwand, der viele Jahre lang betrieben worden ist, um ein solches Level an Perfektion zu erreichen. Die scheinbare Leichtigkeit basiert auf dem Schweiß, der in unzähligen Stunden geflossen ist, als am eigenen Können gefeilt wurde. Wenn ich zuhause ganz bewusst Musik höre, komme ich ins Schwitzen. Ich stelle mir dann vor, dass ich es bin, der eine Komposition am Schlagzeug begleitet. Oder ich male mir ein anderes Arrangement aus, was mich ebenfalls ins Schwitzen bringt.

Wenn man etwas Neues ausprobiert, dürfte Schweiß einfach eine Voraussetzung sein. Zumindest trifft das auf körperliche Aktivitäten zu. Man muss schwitzen, wenn man an seine Grenzen geht. Dasselbe tritt aber auch ein, wenn man sich auf künstlerische Unternehmungen einlässt und sich intensiv konzentrieren muss. Vielleicht leiten neue Ideen auch einen körperlichen Reinigungsprozess ein. Wenn man sich so richtig abplagt, einer neuen Idee Form zu verleihen, ist es womöglich der Schweiß, der als Gleitmittel für diesen Geburtsakt fungiert. Für mich ist diese Inkubationsphase die allerwichtigste Zeit. Die Energie ist geradezu elektrisch. Hierbei handelt es sich um einen ganz besonderen Zeitabschnitt, der sich nur schwer wiederholen lässt. Ich hatte das große Glück, diese spezielle Inkubationsphase bei mehreren der großartigen Künstler, die ich in diesem Buch besprochen habe, miterlebt zu haben. Ich war dabei, als die Wände im Jazzclub Shelly's Manne Hole durch das unnachgiebige Schlagzeugspiel meines Idols Elvin Jones und Coltranes Saxophon zu wackeln schienen. Es war, als ob er seine Drumsticks zum Feuermachen einsetzte, um Johns Melodien zu einer perfekten Mahlzeit verarbeiten zu können. Dann sah ich Janis, Marley und Van Morrison in ihren Anfangsjahren. Und natürlich stand ich an Jim Morrisons Seite, als dieser die Lokomotive, die seine Kreativität symbolisiert, aus dem Bahnhof steuerte. Man konnte richtig spüren, wie er den Kessel anheizte!

Leider muss diese Phase weichen, wenn sich der Erfolg zu rasch einstellt. In den USA sind wir schnell dabei, einen Künstler zu vereinnahmen. Wir wollen immer noch mehr von derselben Magie und lassen dem Künstler keine Zeit, ein Festmahl langsam und perfekt zuzubereiten. Manche Musiker versuchen, die allererste Inkubationsphase noch einmal aufleben zu lassen, indem sie zu ihren Wurzeln zurückkehren. Aber nur ganz wenige setzen das erfolgreich um. Die meisten Künstler duplizieren einfach das, was ihnen ihren ersten Erfolg beschert hat.

Gustavo Dudamel ist es gelungen, sich in seine eigene Jugend als junger Dirigent zurückzuversetzen, indem er das Youth Orchestra Los Angeles (YOLA) gegründet hat. YOLA spiegelt Gustavos eigene musikalische Ausbildung bei El Sistema in Venezuela wider. Als ich den Maestro fragte, ob seine Arbeit beim YOLA auf seinen Dirigierstil beim Los Angeles Philharmonic Orchestra abfärbe, antwortete er: „Natürlich tut es das. Es ist so, als würde ich in meine Kindheit zurückreisen, um die Energie von damals anzuzapfen und mich mit dem ursprünglichen Feuer zu verbinden, das meine Leidenschaft für Musik überhaupt erst entzündet hat."

Einer der Gründe, warum die Doors erfolgreich zu ihren Wurzeln zurückkehrten, war der, dass wir uns nicht mit Technologie verwöhnten. Wir nahmen auf Achtspur-Tonbandgeräten auf, weil der neuere 16-Spur-Apparat nicht in unseren Proberaum passte, wo wir aufnehmen wollten. Mit acht Spuren zu arbeiten, schränkte uns ein, aber da wir unser „Zuhause", wo wir seit jeher gejammt hatten, nicht verlassen wollten, musste das eben reichen. Das Resultat war *LA Woman*, ein Comeback-Album, das bis heute funktioniert.

Das Geschenk, das all diese Troubadoure für die vielen, vielen Stunden erhielten, in denen sie fokussiert daran arbeiteten, ihre Vision zu schärfen, heißt Zeit. Sie ist flüchtig. Ob man nun mit einem Orchester probt, eine Rockband anführt oder allein in einem Zimmer sitzt und eine leere Seite oder Leinwand anstarrt: Es öffnet sich ein Freiraum, wenn man sich wirklich hingibt. Manche Drogen sind imstande, die Zeit zu dehnen, doch wenn man sich intensiv auf sein Handwerk konzentriert, verschafft einem das ein Hochgefühl wie ein Martini – nur ohne Kater! Nun ja, so ganz stimmt das nicht. Der Kater besteht eben darin, dass man sich ein Leben lang nach dem Freiraum sehnen wird.

Vor Jahren wurde Bob Dylan in einem Interview gefragt, ob er glücklich sei. Er wollte diese Frage nicht beantworten. Er wusste intuitiv, dass eine Seele zu besitzen bedeutete, über etwas zu verfügen, was die Braslianer *saudade* oder „Verlangen" nennen. Um den Gral zu finden, muss man offen sein und immer weiterlernen. Man sollte nicht aufhören, Fragen zu stellen, ganz egal, wie alt man ist. Dies scheint ein Weg zu sein, jung zu bleiben. Zumindest im Herzen. Man kann Höhepunkte immer wieder erleben, weil, wie auch Bob Dylan weiß, es keine abschließende große Antwort gibt, sondern nur einen langen Weg, auf dem man aus dem Staunen nicht herauskommt.

Es ist nicht wichtig, ob man nun ein professioneller Musiker ist oder nicht, denn wir sind alle Suchende. Also nehmt euch jeden Tag Zeit für eure Praxis (Musik, Malen, achtsames Spazieren – was auch immer euch Freiräume ermöglicht). Das wird euch jene Balance schenken, die ihr für die Herausforderungen des Tages braucht. In turbulenten Zeiten wie wir sie im frühen 21. Jahrhundert in den USA erleben, ist es gut für die Seele, sich in die unendlichen Quellen der Kreativität einzuklinken, die einem in jeder Situation zur Verfügung stehen. Achtsamkeit allein kann schon kreativ sein.

Der Mythologe Michael Meade berichtet von einem indigenen Stamm, dessen Mitglieder in der Morgendämmerung aufstehen, um einander ihre Träume vorzusingen: „Sie glauben, dass sie in den ewigen Nachhall des Gesangs der Schöpfung und den Klang des Daseins einstimmen, der in die Welt einfließt." Außerdem stellen sie sich vor, dass das lebendige Wort der Schöpfung über eine fortwährende Resonanz verfügt und eine klangvolle Schwingung in jedermanns Leben darstellt.

Musik hat eine überaus tiefschürfende Wirkung. Die Idee dahinter ist, dass die Leute die Orientierung im Leben verlieren, wenn Songs – die Geschichten von Menschen – nicht in die Welt entlassen werden. Sogar wenn man künstlerische Ambitionen nur für sich selbst auslebt, gelangen die Resultate ans Tageslicht. Also tut es einfach!

Die Reggae-Gruppe Steel Pulse, die in vielerlei Hinsicht die legitimen Nachfolger der Wailers sind, schrieben die Textzeile „Life without music I can't go". Das Leben eines jeden kann ein Song sein. Wir müssen nicht alle in den Charts landen. Um aus einer der vielleicht genialsten LPs aller Zeiten zu zitieren, die wir dem transzendentalen Stevie Wonder verdanken: Was ist dein „song in the key of life"? Der Poet Rumi drückt es ganz lapidar aus:

> Ohne dich würden die Instrumente sterben.
> Dein Atem ist vonnöten, deine Stimme ist erforderlich.
> Leihe dem Lied entweder deinen Atem, oder lass uns allein,
> Da wir im essentiellen Kampf um die Liebe als Instrumente auserkoren sind.

Sich in etwas zu verlieren, das man liebt – darum geht's. Man muss jetzt nicht gleich eine Sinfonie komponieren. Es kann sich auch um etwas handeln, das nie jemand zu Gesicht bekommen oder hören wird, aber in dem einen Moment, in dem man es erschafft, kommt die Unendlichkeit zum Vorschein. Carl Jung sagte einst, dass es den Menschen nach dem Ewigen dürstet. Ich hoffe, dass meine Lehrmeister, die ich hier vorgestellt habe, euren Durst in dieser Hinsicht zu stillen imstande waren. Auf mich trifft das zu, aber ich weiß jetzt schon, dass ich schon bald wieder durstig sein werde.

Einstweilen möchte ich mich aber mit einem großen Dankeschön an all die Leute, über die ich hier schreibe, verabschieden. Ich danke ihnen, weil diese Musiker und Künstler, ganz unabhängig vom Grad ihrer Berühmtheit, uns ein großes Geschenk gemacht haben. Sie haben mit uns eines ihrer Geheimnisse geteilt, das das Leben einfacher macht: *Ein bisschen akustische Würze verwandelt jedes langweile Essen in etwas Köstliches.* Ich weiß auch, dass unsere Bewunderung sie wiederum motiviert. So funktioniert das eben: Diese Beziehung verläuft wechselseitig.

Was haben all meine Lehrmeister und Mentoren gemeinsam? Wenn wir Sound und Szene eines individuellen Künstlers außer Acht lassen, fällt uns die inhärente Menschlichkeit auf, die jeder Musik innewohnt. Wir alle bestehen aus Fleisch und Knochen, Herz und Seele – und wir alle teilen die Erfahrung, die Straße des Lebens von Geburt an bis zum Tod entlang zu fahren, zu gehen oder zu laufen. Egal, ob wir uns auf einer deutschen Autobahn oder einem appalachischen Trampelpfad befinden, unsere Erfahrung bleibt die gleiche. Wir haben uns auf eine Reise begeben, auf der unser Geist unseren Körper bewohnt. So beschreiten wir unseren Weg auf dem Planeten Erde. Musik leuchtet uns unterwegs wie eine Kerze den Weg in Richtung der Kunst, das Leben zu leben.

Beseelte Grüße,
John Densmore

Danksagungen

Zuerst möchte ich mich bei Ben Schafer für sein Knowhow als Verleger und sein großartiges musikalisches Gehör bedanken. An zweiter Stelle folgt meine Seelenverwandte Ildiko von Somogyi. Drittens gebührt mein Dank Andrea Cagan für ihren meisterhaften Blick. Cynthia Buck danke ich für das exzellente Lektorat. Shepard Fairey hat das außergewöhnliche Cover gestaltet. Ganz offenkundig liebt er Musik. Danke, Jeff Katz, dass du uns das wunderschöne Coverfoto verwenden lässt. John Logan gebührt mein Dank dafür, dass er beim Einholen der Rechte von Fotos und Songtexten behilflich war. Bei Cary Odes möchte ich mich für seine technische Unterstützung und Freundschaft bedanken. Auch danke ich Sam Joseph dafür, dass er vorgeschlagen hat, ich sollte über all die großartigen Künstler schreiben, die ich getroffen habe. Jeff Jampol danke ich für seine Beratung als Manager.

Zum Abschluss noch eine kurze Geschichte. Unter echten Gurus existiert eine Tradition, dass ein Schüler sich richtig bemühen muss, bevor eine Lektion sich offenbart. Vom Mystiker Gurdjieff berichtet man eine Legende, die vielleicht sogar der Wahrheit entspricht. Gurdjieff soll seinen Jüngern gesagt haben, dass sie ihn in zu einer bestimmten Zeit in einer gewissen Kneipe antreffen würden. Vor Ort verkündete er, dass sie doch in eine andere Taverne weiterziehen würden. Somit wurde die Herde schon einmal um mindestens die Hälfte reduziert. Nach dem ersten Getränk bestand er darauf, in eine dritte Spelunke zu wechseln. Es wurde langsam sehr später Abend und nur wenige Getreue folgten seinem Aufruf. Gurdjieff erhob schließlich sein Glas und sagte: „Lasst uns loslegen. Ich bin bereit zu sprechen." Der Meister gewährte nur denjenigen Einblick in seine Weisheiten, die sich als echt durstig erwiesen.

Ganz dieser Tradition verpflichtet und selbst wenn dieser jüngste Schinken meinerseits sich nur sehr schwach verkaufen sollte, werde ich versuchen (ich bin ja noch in Entwicklung begriffen), mich in Zufriedenheit darüber zu üben, dass diejenigen, die sich durch mein Geschreibsel gearbeitet haben, es auch tatsächlich verstanden haben. Ich bedanke mich herzlich für eure Mühe.